COMO FALAR EM PÚBLICO & INFLUENCIAR PESSOAS NO MUNDO DOS NEGÓCIOS

DALE CARNEGIE

COMO FALAR EM PÚBLICO & INFLUENCIAR PESSOAS NO MUNDO DOS NEGÓCIOS

Revista por Dorothy Carnegie
Tradução de Carlos Evaristo M. Costa

93ª edição

EDITORA RECORD
RIO DE JANEIRO • SÃO PAULO
2025

CIP-BRASIL. CATALOGAÇÃO NA PUBLICAÇÃO
SINDICATO NACIONAL DOS EDITORES DE LIVROS, RJ

L513s
93ª ed.

Carnegie, Dale, 1888-1955
Como falar em público e influenciar pessoas no mundo dos negócios / Dale Carnegie; revista por Dorothy Carnegie; tradução de Carlos Evaristo M. Costa. – 93ª ed. – Rio de Janeiro: Record, 2025.
238 p.

Tradução de: The quick and easy way to effective speaking
ISBN: 978-85-01-11207-1

1. Oratória. 2. Comunicação oral. 3. Retórica I. Costa, Carlos Evaristo M. II. Título.

18-48931

CDD: 808.51
CDU: 808.51

Título original:
THE QUICK AND EASY WAY TO EFFECTIVE SPEAKING

Copyright ©1962 by Dorothy Carnegie

Texto revisado segundo o novo Acordo Ortográfico da Língua Portuguesa.

Todos os direitos reservados. Proibida a reprodução, no todo ou em parte, através de quaisquer meios. Os direitos morais do autor foram assegurados.

Direitos exclusivos de publicação em língua portuguesa somente para o Brasil adquiridos pela
EDITORA RECORD LTDA.
Rua Argentina, 171 – Rio de Janeiro, RJ – 20921-380 – Tel.: (21) 2585-2000, que se reserva a propriedade literária desta tradução.

Impresso no Brasil

ISBN 978-85-01-11207-1

Seja um leitor preferencial Record.
Cadastre-se no site www.record.com.br
e receba informações sobre nossos
lançamentos e nossas promoções.

EDITORA AFILIADA

Atendimento e venda direta ao leitor:
sac@record.com.br

Sumário

Introdução   11

PRIMEIRA PARTE — FUNDAMENTOS DA BOA ORATÓRIA

Capítulo 1. Desenvolvendo as habilidades básicas   15

1. Aprenda com a experiência alheia   17
2. Não perca de vista o seu objetivo   21
3. Predisponha sua mente para o sucesso   25
4. Agarre-se a todas as oportunidades de praticar   28

Capítulo 2. Desenvolvendo a confiança   31

1. Conheça a verdade sobre o medo de falar em público   32
2. Prepare-se de maneira adequada   35
   — Jamais decore um discurso palavra por palavra   37
   — Reúna e ponha em ordem suas ideias antecipadamente   40
   — Treine com seus amigos aquilo que vai dizer   40
3. Predisponha sua mente para o sucesso   41
   — Deixe-se absorver pelo seu tema   41

— Afaste sua atenção dos estímulos negativos que
possam prejudicá-lo   42
— Instile confiança em si próprio   42

4. Aja confiantemente   43

Capítulo 3. Fale bem de modo rápido e fácil   47

1. Fale de um assunto em que você tenha competência
   adquirida por meio da experiência ou do estudo   48
   — Conte-nos o que a vida lhe ensinou   49
   — Procure os tópicos em seu passado   52
2. Certifique-se de que está empolgado com seu tema   54
3. Anseie compartilhar sua mensagem com os ouvintes   57

SEGUNDA PARTE — DISCURSO, ORADOR E PÚBLICO

Capítulo 4. Conquistando o direito de falar   65

1. Limite o seu assunto   66
2. Desenvolva energia de reserva   67
3. Intercale o que você diz com ilustrações e exemplos   70
   — Humanize sua fala   71
   — Personalize sua fala pelo emprego de nomes   73
   — Seja específico: Enriqueça sua fala com detalhes   73
   — Dramatize sua fala ao empregar o diálogo   75
   — Demonstre visualmente aquilo que você fala   76
4. Use palavras concretas e familiares que criem imagens   77

Capítulo 5. Vitalizando sua fala 81

1. Escolha assuntos que você encare com seriedade 82
2. Recorde sua experiência com o tema 88
3. Aja com sinceridade 88

Capítulo 6. Compartilhando sua fala com o público 91

1. Fale tendo em vista os interesses de seus ouvintes 92
2. Faça elogios sinceros e honestos 95
3. Identifique-se com o seu público 97
4. Faça com que o público participe da sua fala 100
5. Seja modesto 101

TERCEIRA PARTE — O OBJETIVO DAS FALAS PREPARADAS E DE IMPROVISO

Capítulo 7. Pronunciamentos curtos para conduzir à ação 107

1. Apresente um exemplo próprio, um incidente de sua vida 113
   — Monte o seu exemplo em cima de uma única experiência pessoal 114
   — Comece sua fala com um detalhe de seu exemplo 115
   — Cite em seu exemplo os detalhes relevantes 116
   — Reviva sua experiência enquanto a relata 118

2. Apresente o seu objetivo, aquilo que você deseja que o público faça 120
   — Apresente o objetivo de forma breve e específica 120
   — Torne a execução do objetivo fácil para os ouvintes 121
   — Apresente o objetivo com firmeza e convicção 122

3. Cite a razão ou o benefício que o público pode esperar — 122
   — Assegure-se de que a razão esteja relacionada com o exemplo — 122
   — Assegure-se de que destaca uma razão, e apenas uma — 123

Capítulo 8. A fala informativa — 125
   1. Restrinja o seu assunto de modo a respeitar o tempo à sua disposição — 126
   2. Organize suas ideias em sequência — 128
   3. Enumere seus pontos à medida que os apresenta — 129
   4. Compare o desconhecido com o que é familiar — 130
      — Transforme o fato em imagem — 131
      — Evite termos técnicos — 133
   5. Empregue meios de auxílio visual — 137

Capítulo 9. A fala para convencer — 141
   1. Conquiste a confiança fazendo-se dela merecedor — 143
   2. Obtenha uma resposta positiva — 143
   3. Fale com entusiasmo contagiante — 147
   4. Demonstre respeito e afeição pelo seu público — 149
   5. Comece de maneira amistosa — 149

Capítulo 10. A fala improvisada — 155
   1. Pratique falar de improviso — 156
   2. Esteja mentalmente preparado para falar de improviso — 159
   3. Cite um exemplo imediatamente — 160
   4. Fale com animação e firmeza — 161
   5. Use o princípio do "aqui e agora" — 161
   6. Não fale de improviso — Apresente uma fala de improviso — 162

QUARTA PARTE — A ARTE DA COMUNICAÇÃO

Capítulo 11. Fazendo o pronunciamento — 169
1. Saia da sua concha de acanhamento — 170
2. Não procure imitar os outros. Seja você mesmo — 171
3. Converse com o público — 173
4. Ponha seu coração naquilo que diz — 176
5. Pratique para tornar sua voz firme e flexível — 178

QUINTA PARTE — O DESAFIO DA BOA ORATÓRIA

Capítulo 12. Apresentando oradores, entregando e recebendo prêmios — 183
1. Prepare cuidadosamente aquilo que vai dizer — 185
2. Siga a fórmula T-I-O — 188
3. Seja entusiástico — 192
4. Seja cordialmente sincero — 193
5. Prepare com cuidado sua fala de apresentação — 193
6. Expresse os seus sentimentos sinceros na fala de agradecimento — 195

Capítulo 13. Preparando um discurso mais longo — 197
1. Atraia a atenção imediatamente — 198
   — Comece sua fala com um exemplo baseado em experiência própria — 198
   — Faça suspense — 199
   — Cite um fato que prenda a atenção — 200
   — Peça que levantem as mãos — 203

- Prometa dizer aos ouvintes como podem obter algo que desejam 204
- Exponha algo 205

2. Evite atrair uma atenção desfavorável 206
   - Não comece com desculpas 206
   - Evite iniciar sua fala com uma história engraçada 207

3. Apoie suas principais ideias 208
   - Use estatísticas 208
   - Use o testemunho de peritos 210
   - Use analogias 211
   - Faça uma demonstração 212

4. Apele para a ação 214
   - Sintetize 216
   - Peça ação 217

Capítulo 14. Aplicando o que você aprendeu 219
1. Use detalhes específicos na conversação cotidiana 221
2. Use em seu trabalho as técnicas da boa oratória 223
3. Procure oportunidades para falar em público 223
4. Persista 224
5. Mantenha à sua frente a certeza da recompensa 227

Introdução

Dale Carnegie deu início ao seu primeiro curso sobre a arte de falar em público em 1912, para a Associação Cristã de Moços, na Rua 125, na cidade de Nova York. Àquela época, o falar em público era considerado mais uma arte do que uma habilidade, e o ensino visava mais à formação de oradores e gigantes das tribunas, do tipo eloquente. O comerciante ou profissional médio, que meramente desejasse exprimir-se com mais facilidade e autoconfiança em seu próprio meio, não estava disposto a gastar tempo ou dinheiro no estudo da mecânica da palavra, dicção, regras da retórica e arte da gesticulação. Os cursos de Dale Carnegie sobre como falar com eficiência obtiveram êxito imediato porque deram a essas pessoas os resultados que elas desejavam. Dale abordava o falar em público não como uma das belas-artes que exigem talentos e aptidões especiais, mas como uma habilidade que qualquer pessoa minimamente inteligente pode adquirir e desenvolver à sua vontade.

Atualmente, os cursos de Dale Carnegie se encontram difundidos por todo o mundo, e a validade dos seus conceitos é reconhecida por milhares de estudantes de toda parte, por homens e mulheres de todas as camadas sociais e profissionais que, com êxito, melhoraram sua oratória e sua capacidade pessoal de impressionar.

O livro que Dale Carnegie escreveu para os seus cursos, *Como Falar em Público e Influenciar Pessoas no Mundo dos Negócios*, teve mais de cinquenta edições, foi traduzido em onze idiomas e Dale

Carnegie o reviu várias vezes a fim de mantê-lo atualizado com seus próprios conhecimentos e experiência. A cada ano utilizou-se do livro um número de pessoas maior do que o expresso pela soma dos matriculados nas maiores universidades.

Esta nova edição do livro baseou-se nas próprias notas e ideias de meu marido. O título foi por ele mesmo escolhido, antes que a morte interrompesse o seu trabalho. Procurei ter em mente sua filosofia básica de que a boa oratória é mais do que "dizer algumas palavras" para um auditório: é a expressão reveladora de uma personalidade humana.

Cada atividade de nossas vidas é uma espécie de comunicação, mas é através da palavra que o homem se distingue concretamente de outras formas de vida. Ele é o único, dentre todos os animais, que dispõe do dom da comunicação verbal, e é através da qualidade de sua palavra que melhor expressa sua própria individualidade, sua essência. Quando o homem se mostra incapaz de dizer claramente aquilo que deseja, seja por nervosismo, por timidez ou por um obscuro processo de raciocínio, sua personalidade se anula, se ofusca ou se confunde.

Negócios, vida social e satisfações pessoais dependem, grandemente, da capacidade de uma pessoa comunicar aos semelhantes aquilo que ela é, o que sente e em que acredita. Hoje, como nunca, em uma atmosfera internacional cheia de tensões, medo e insegurança, precisamos manter abertos os canais de comunicação entre os povos. Espero que este livro seja útil em todos esses sentidos, não só para aqueles que desejam apenas agir com maior facilidade e autoconfiança para finalidades práticas, como para os que buscam expressar-se mais completamente como indivíduos que procuram uma realização pessoal mais profunda.

Dorothy Carnegie

PRIMEIRA PARTE

Fundamentos da boa oratória

Em todo saber há poucos princípios e muitas técnicas.

Nos capítulos de que se compõe a primeira parte deste livro abordamos os princípios da boa oratória e as atitudes que dão vida a esses princípios.

Como adultos, estamos interessados em uma maneira fácil e rápida de falar e impressionar. A única forma pela qual podemos obter resultados rapidamente é assumindo a atitude correta para atingir o nosso objetivo e firmando um sólido cabedal de princípios sobre os quais basear aquela atitude.

PRIMEIRA PARTE

Fundamentos da boa maneira

CAPÍTULO 1

Desenvolvendo as habilidades básicas

Comecei a dar aulas sobre a arte de falar em público em 1912, ano em que o *Titanic* afundou nas águas geladas do Atlântico Norte. Desde então, mais de dois milhões de pessoas foram diplomadas por esses cursos.

Nas reuniões de demonstração, que precedem a primeira aula do Curso de Dale Carnegie, é dada às pessoas a oportunidade de dizerem o que pretendem conseguir e o que esperam ganhar com esse treinamento. Naturalmente, a fraseologia é variável; no entanto, o desejo central, o intuito básico, na grande maioria dos casos, permanece surpreendentemente o mesmo: "Quando me pedem que me levante e fale, sinto-me tão constrangido e tão aterrorizado que não consigo pensar com clareza, não consigo me concentrar, não consigo me lembrar do que pretendia dizer. Quero adquirir autoconfiança, firmeza e capacidade de pensar nessa hora. Quero organizar meus pensamentos de uma forma lógica e quero ser capaz de falar de modo claro e convincente perante um grupo social ou comercial."

Isso não lhe parece familiar? Você já não terá experimentado o mesmo sentimento de incompetência? Não daria uma pequena fortuna em troca da capacidade de falar em público, convincente e persuasivamente? Tenho a certeza de que sim. O próprio fato de estar percorrendo as páginas deste livro é uma prova do seu interesse em adquirir a capacidade de falar para impressionar.

Sei o que você vai dizer, ou o que diria se pudesse falar comigo: "Mas, Sr. Carnegie, o senhor realmente acredita que eu possa adquirir a necessária confiança para me levantar e enfrentar um grupo de pessoas, dirigindo-me a elas de modo fluente e coerente?"

Passei quase toda a minha vida ajudando pessoas a se livrarem de seus temores e a adquirirem coragem e confiança. Eu poderia escrever vários livros com os casos dos milagres ocorridos em minhas aulas. Assim, não é uma questão de *acreditar*. Eu *sei* que você pode, se seguir a orientação e as sugestões contidas neste livro.

Haverá alguma remota sombra de razão pela qual você não poderia, em uma posição vertical, raciocinar tão bem, perante um auditório, como faz quando se encontra sentado? Haverá alguma razão para que você sinta um frio na barriga e se torne vítima de "tremedeira" quando se levanta para falar a um auditório? Você, com certeza, percebe que essa condição pode ser remediada e que, pela prática e pelo treinamento, poderá afastar esse medo de falar em público e adquirir autoconfiança.

Este livro ajudará você a atingir tal objetivo. Ele não é um compêndio comum. Não está cheio de regras concernentes à mecânica da dicção. Não trata dos aspectos fisiológicos da articulação e da enunciação das palavras. É o produto destilado de toda uma vida dedicada a treinar adultos na arte de falar em público. Ele começa com você do modo que você é e desse ponto de partida caminha naturalmente até a conclusão do que você deseja ser. Tudo o que você tem a fazer é cooperar — seguir as prescrições deste livro, aplicá-las em todas as situações em que precisa falar e persistir.

A fim de colher o máximo de benefícios, com rapidez e desembaraço, as quatro regras que se seguem serão de grande utilidade.

1. APRENDA COM A EXPERIÊNCIA ALHEIA

Não existe animal algum, em cativeiro ou em liberdade, semelhante a um orador nato. Nos períodos da História em que o falar em público era considerado arte refinada, exigindo rigorosa atenção às leis da retórica e às galas do estilo, era ainda mais difícil nascer-se orador. Atualmente consideramos o falar em público uma espécie de conversação ampliada. Completamente desaparecidos estão o estilo grandiloquente e a voz retumbante. O que gostamos de ouvir, em nossos jantares de reuniões, nos sermões das igrejas, na televisão e no rádio, é a palavra direta, concebida de acordo com o senso comum e dedicada à proposição de que gostamos de oradores que conversem conosco e não que falem para nós.

A despeito do que inúmeros compêndios escolares nos possam levar a pensar, o falar em público não é uma arte fechada, que só possa ser dominada após anos de aperfeiçoamento da voz e de luta com os mistérios da retórica. Tenho passado quase toda a minha carreira de professor provando às pessoas como é fácil falar em público, desde que sejam seguidas algumas regras, poucas, mas importantes. Quando comecei a lecionar, na Associação Cristã de Moços, na cidade de Nova York, em 1912, eu não sabia disso mais do que os meus primeiros alunos. Dei aquelas primeiras aulas de forma muito semelhante ao que me tinha sido ensinado em meus anos de universitário em Warrensburg, no Missouri. Não tardei a descobrir, no entanto, que estava seguindo a trilha errada; eu estava procurando ensinar a adultos no mundo dos negócios como se eles fossem calouros universitários. Percebi a futilidade de citar Webster, Burke, Pitt e O'Connell como exemplos a serem imitados. O que os alunos desejavam era ter coragem suficiente para se porem de pé e apresentarem um relatório claro e coerente em sua próxima reunião de negócios. Não se passou muito tempo até que eu atirasse os compêndios pela janela, me firmasse no pódio e, com algumas ideias simples, trabalhasse com meus alunos até que eles pudessem apresentar seus relatórios de forma convincente. Deu certo, pois continuavam a voltar, pedindo mais.

Eu gostaria de dar a você uma oportunidade de examinar os arquivos de cartas de agradecimento em minha casa ou nos escritórios dos meus representantes em diferentes partes do mundo. Essas cartas foram escritas por líderes industriais cujos nomes são frequentemente citados nas seções comerciais do *New York Times* e do *Wall Street Journal*, por governadores de estados e por membros do Parlamento, por diretores de universidades e por celebridades do mundo do entretenimento. Há alguns outros milhares de empreendedores, sacerdotes, professores, jovens cujos nomes não são ainda bem conhecidos, mesmo em suas próprias comunidades, executivos já em ação ou em preparação, trabalhadores especializados ou não, membros de sindicatos, estudantes universitários, homens e mulheres do mundo dos negócios. Todas essas pessoas sentiam necessidade de autoconfiança e da capacidade de se expressarem razoavelmente em público. Estavam tão agradecidos por terem conseguido ambas as coisas que se deram ao trabalho de me escrever cartas de agradecimento.

Dos milhares de pessoas que estudaram comigo ocorre-me um exemplo, enquanto escrevo, devido ao dramático impacto sobre mim exercido na ocasião. Há alguns anos, pouco depois de haver começado a frequentar minhas aulas, D. W. Ghent, um bem-sucedido comerciante da Filadélfia, convidou-me para almoçar. Ghent inclinou-se sobre a mesa e disse:

— Fugi de todas as oportunidades de falar em diferentes reuniões, Sr. Carnegie, e não foram poucas. Mas, atualmente, sou o presidente de uma Junta de Conselho da Universidade. Tenho que presidir as reuniões. O senhor crê ser possível que eu aprenda a falar na minha idade?

Assegurei-lhe, com base em minha experiência com outros homens em situação semelhante e que haviam frequentado meus cursos, que eu não tinha qualquer dúvida de que ele seria bem-sucedido.

Cerca de três anos mais tarde, tornamos a almoçar juntos no Manufacturer's Club. Sentamo-nos na mesma sala e à mesma mesa que havíamos ocupado em nosso primeiro almoço. Lembrando-lhe nossa conversa anterior, perguntei-lhe se minha predição havia sido verdadeira. Ghent sorriu, tirou do bolso uma caderneta vermelha e me mostrou uma série de compromissos de palestras para os próximos meses. "A capacidade de realizar essas palestras", confessou ele, "o prazer que sinto ao realizá-las, os serviços que posso prestar à comunidade... tudo isso se encontra entre as coisas que me são mais gratificantes na vida."

Isso, no entanto, não era tudo. Com um sentimento de justificado orgulho, Ghent lançou o seu trunfo. O grupo de sua igreja havia convidado o primeiro-ministro da Inglaterra para falar durante uma reunião na Filadélfia. E o integrante local escolhido para apresentar o distinto estadista, em uma de suas raras viagens aos Estados Unidos, não era outro senão o Sr. D. W. Ghent.

Este era o homem que se inclinara sobre a mesa menos de três anos antes para me perguntar se eu acreditava que ele alguma vez poderia vir a ser capaz de falar em público!

Eis outro exemplo: O falecido David M. Goodrich, presidente da junta diretora da Companhia B. F. Goodrich, veio um dia ao meu escritório.

— Em toda a minha vida — começou ele —, nunca fui capaz de falar sem me sentir morto de medo. Como presidente da junta, tenho que presidir as reuniões. Conheço há anos todos os integrantes da junta, intimamente, e não tenho qualquer dificuldade em falar com eles enquanto estamos todos sentados em torno da mesa. Mas, no momento em que me levanto para falar, sinto-me aterrorizado. Mal consigo pronunciar uma única palavra. Vem sendo assim há anos. Não creio que o senhor possa fazer alguma coisa por mim. Meu problema é muito sério. Já existe há muito tempo.

— Bem — respondi —, se o senhor acha que não posso fazer nada em seu favor, por que veio me procurar?

— Apenas por uma razão — tornou ele. — Tenho um contador que se encarrega dos problemas relativos à minha contabilidade pessoal. É um sujeito tímido e, para chegar ao seu pequeno escritório, tem que passar pela minha sala. Durante anos ele tem se esgueirado pelo caminho, olhando para o chão e raramente dizendo algo. Ultimamente, porém, ele está transformado. Entra na minha sala com o queixo para cima e com o olhar vivo e diz "Bom dia, Sr. Goodrich", com confiança e alegria. Fiquei surpreso com a mudança. Por isso perguntei-lhe: "O que está havendo com você?" Respondeu-me que estava frequentando o seu curso de treinamento. Aí está, foi devido à transformação de que fui testemunha no assustado funcionário que eu vim procurá-lo.

Disse ao Sr. Goodrich que, se ele frequentasse as aulas regularmente e fizesse o que lhe disséssemos, dentro de poucas semanas sentiria prazer em falar em público.

— Se o senhor conseguir uma coisa dessas — replicou ele —, serei um dos homens mais felizes deste país.

Goodrich passou a frequentar as aulas e fez um progresso fenomenal. Três meses mais tarde, convidei-o a participar de uma reunião de três mil pessoas no salão de bailes do Hotel Astor para dizer-lhes o que ele havia obtido com o nosso treinamento. Desculpou-se; não poderia ir, devido a um compromisso prévio. No dia seguinte me telefonou.

— Peço desculpas — disse ele. — Cancelei o compromisso. Irei e farei o que me pediu. Devo-lhe isso. Falarei na reunião e direi ao auditório o que consegui com o seu treinamento. E farei isso com a esperança de que o meu caso possa inspirar alguns dos ouvintes a se livrarem dos temores que infernizam suas vidas.

Pedi-lhe que falasse durante dois minutos apenas. Goodrich se dirigiu às três mil pessoas durante onze minutos.

Em meus cursos, presenciei milhares de milagres como esse. Vi pessoas cujas vidas foram transformadas por esse treinamento, muitas delas obtendo promoções muito além do que podiam sonhar ou conseguindo posições proeminentes nos seus negócios, profissões e comunidades. Por vezes, isso foi obtido por meio de um único pronunciamento feito no momento exato. Permitam-me que lhes conte o caso de Mario Lazo.

Anos atrás, recebi um telegrama de Cuba que me deixou intrigado. "A não ser que o senhor me responda dizendo que não o faça, vou a Nova York treinar para fazer um discurso." Estava assinado: "Mario Lazo". Quem era ele? Fiquei curioso! Nunca ouvira esse nome antes.

Quando o Sr. Lazo chegou a Nova York, declarou:

— O Havana Country Club vai celebrar o quinquagésimo aniversário do fundador do clube e fui convidado para lhe entregar uma taça de prata e fazer o principal discurso da noite. Mesmo eu sendo advogado, nunca, durante toda a minha vida, fiz um discurso em público. Estou aterrorizado ante a perspectiva de ter que fazê-lo. Se eu fracassar, será profundamente vergonhoso para minha esposa e para mim, socialmente. Além disso, tal fato poderá afetar negativamente meu prestígio para com a minha clientela. Eis aí por que vim lá de longe, de Cuba, em busca de seu auxílio. Só posso ficar três semanas.

Durante essas três semanas, fiz com que Mario Lazo passasse de uma aula para a outra, falando três ou quatro vezes por noite. No fim, ele discursou perante o distinto auditório reunido no Havana Country Club. Seu discurso foi tão notável que a revista *Time* o citou sob o título Notícias do Exterior e descreveu Mario Lazo como um "orador eloquente".

Parece um milagre, não é mesmo? E é um milagre — um milagre de domínio do medo.

2. NÃO PERCA DE VISTA O SEU OBJETIVO

Quando o Sr. Ghent se referiu ao prazer que lhe dava sua capacidade recém-adquirida de falar em público, ele tocou naquilo que, acredito (mais do que qualquer outro fator), contribuiu para o seu êxito. É verdade que ele seguiu a orientação e cumpriu fielmente suas obrigações. No entanto, estou certo de que assim procedeu conscientemente, pois se via como um orador bem-sucedido. O Sr. Ghent se projetou no futuro e se pôs a trabalhar a fim de que suas perspectivas se transformassem em realidade. Isso é exatamente o que você deve fazer.

Concentre sua atenção no que a autoconfiança e a capacidade de falar mais eficazmente significarão para você. Pense no que isso lhe pode significar socialmente, nos amigos que fará, no aumento de sua capacidade de prestar serviços ao seu grupo cívico, social ou religioso, na influência que você poderá exercer em seus negócios. Em resumo, prepare-se para a sua liderança.

Em um artigo intitulado "A Palavra e a Liderança nos Negócios", S. C. Allyn, presidente da junta diretora da National Cash Register Company e da UNESCO, escreveu no *Quarterly Journal of Speech*:

> "Na história de nosso comércio, inúmeros homens atraíram a atenção sobre suas pessoas devido ao seu ótimo desempenho em uma tribuna. Há alguns anos, um jovem, que era então o encarregado de uma pequena filial no Kansas, pronunciou um discurso bastante fora do comum e é hoje o nosso vice-presidente para o setor de vendas."

Eu sei que esse vice-presidente é, atualmente, o presidente da National Cash Register Company.

Não é possível prever até onde você será levado em sua capacidade de falar em público. Henry Blackstone, um de nossos diplomados, presidente da Servo Corporation of America, diz: "A capacidade de se comunicar eficientemente com outras pessoas e de obter sua cooperação é uma qualidade que procuramos entre as pessoas que se encontram em ascensão."

Pense na satisfação e no prazer que você sentirá quando compartilhar confiantemente os seus pensamentos e sentimentos com o auditório. Viajei várias vezes ao redor do mundo, mas conheço poucas coisas que deem maior deleite do que manter a atenção de um auditório pelo poder da palavra falada. Tem-se um sentimento de força, de poder. "Dois minutos antes de começar a falar", declarou um de meus graduados, "eu preferiria ser chicoteado a iniciar de fato minhas palavras; no entanto, dois minutos antes de chegar ao fim destas, eu preferiria levar um tiro a parar."

Agora comece a imaginar-se diante de um auditório ao qual você tenha sido convidado a falar. Veja-se avançando com confiança, perceba o silêncio instaurar-se na sala quando você começa a falar, sinta a absorção atenta do auditório à medida que você se aproxima ponto a ponto de seu objetivo, goze o calor dos aplausos quando você desce da tribuna e escute as palavras de apreço com que os integrantes do auditório o cumprimentam quando a palestra termina. Acredite, há em tudo isso uma verdadeira magia, uma excitação que nunca será esquecida.

William James, o mais destacado professor de psicologia de Harvard, escreveu seis frases que poderão ter um profundo efeito em sua vida, seis frases que são o "abre-te sésamo" para a caverna do tesouro da coragem de Ali Babá:

> "Em quase todos os assuntos, você será salvo pela sua paixão por eles. Se você tiver interesse suficiente em um resultado, é quase certo que o conseguirá. Se você desejar ser bom, será bom. Se você desejar ser rico, será rico. Se você desejar aprender, aprenderá. Somente então você realmente deverá desejar essas coisas, e desejá-las com exclusivismo, e não desejar uma centena de outras coisas incompatíveis com a mesma intensidade."

Aprender a falar eficientemente a grupos de pessoas vai lhe trazer outros benefícios além da mera capacidade de pronunciar discursos formais em público. Na verdade, se você nunca proferiu um discurso em público em sua vida, são inúmeros os benefícios a serem obtidos desse treinamento. Por exemplo, o treinamento para falar em público é a estrada para a autoconfiança. Uma vez que você perceba que pode pôr-se de pé e falar inteligentemente a um grupo de pessoas, é lógico presumir-se que poderá dirigir-se a indivíduos com maior confiança e mais à vontade. Muitas pessoas se matricularam em meu curso sobre como falar eficientemente porque se sentiam acanhadas e constrangidas nos grupos sociais. Quando verificaram ser capazes de pôr-se de pé e se dirigirem aos seus colegas de classe sem que o teto desabasse sobre suas cabeças, perceberam o ridículo da inibição. Começaram a impressionar as outras pessoas, seus familiares, amigos, sócios, colegas, fregueses e clientes com sua atitude recém-adquirida. Inúmeros dentre nossos diplomados, como o Sr. Goodrich, foram impelidos a seguir o curso pela notável modificação operada nas personalidades daqueles que os cercavam.

Esse tipo de treinamento também afeta as personalidades de formas que não se notam de imediato. Não há muito tempo perguntei ao Dr. David Allen, cirurgião de Atlantic City e ex-presidente da Associação Médica Americana, quais, em sua opinião, eram os benefícios do treinamento para falar em público, em termos de saúde física e mental. Ele sorriu e disse que poderia responder melhor passando uma receita "que farmácia alguma poderia aviar. A receita tinha que ser aviada pelo próprio indivíduo; se ele julgar que não é capaz de fazê-lo, está errado".

Tenho a receita em cima de minha mesa. Fico impressionado todas as vezes que a leio. Ei-la, exatamente como o Dr. Allen a prescreveu:

> "Empregue o melhor de seus esforços em desenvolver a capacidade de permitir que outras pessoas enxerguem dentro de sua cabeça e de seu coração. Aprenda a fazer com que suas ideias e seus pensamentos sejam claros para as outras pessoas, em público, individualmente ou em grupos. Você verificará, à medida que for melhorando com os seus esforços, que está — você mesmo — causando nas pessoas uma impressão, um impacto que nunca conseguiu antes.
>
> Você poderá colher duplo benefício dessa prescrição médica. Sua autoconfiança aumenta à medida que você aprende a falar com

outras pessoas e toda a sua personalidade melhora e ganha mais calor. Isso significa que você está melhor emocionalmente e, por consequência, está melhor fisicamente. Falar em público, hoje, está ao alcance de todos, homens e mulheres, jovens e velhos. Eu mesmo não gozei das vantagens que advêm, nos negócios e na indústria, para quem fala em público. Apenas tenho ouvido dizer que são muitas. Mas conheço suas vantagens quanto à saúde. Fale, sempre que puder, a poucos ou muitos; você o fará cada vez melhor, como eu mesmo vim a verificar; falando, você sentirá seu espírito leve, um sentido de completa realização como nunca lhe aconteceu antes.

É um sentimento maravilhoso, que remédio algum jamais poderá proporcionar a você."

A segunda orientação, então, é ver-se obtendo êxito ao fazer aquilo que agora teme e concentrar-se nos benefícios que você obterá através de sua capacidade de falar aceitavelmente perante diferentes grupos. Lembre-se das palavras de William James: "Se você tiver interesse suficiente em um resultado, é quase certo que o conseguirá."

3. PREDISPONHA SUA MENTE PARA O SUCESSO

Pediram-me certa vez, em um programa de rádio, que contasse em três frases a mais importante lição por mim já aprendida. Eis o que eu disse: "A maior lição que já aprendi é a extraordinária importância daquilo que pensamos. Se eu souber o que você pensa, saberei o que você é, pois os seus pensamentos fazem de você aquilo que você é. Transformando os nossos pensamentos, poderemos transformar nossas vidas."

Você lançou suas vistas sobre o objetivo de um aumento de confiança e de uma comunicação mais eficiente. De agora em diante, você deverá pensar mais positivamente — e não negativamente — sobre suas chances de obter êxito nesse empenho. Você deverá desenvolver otimismo sobre os resultados de seus esforços no sentido de falar perante grupos de pessoas. Você deve apor determinação em todas as palavras e ações que dedicar ao desenvolvimento dessa capacidade.

Eis uma história que constitui uma prova dramática da necessidade de uma determinação resoluta por parte de qualquer pessoa que deseja enfrentar o desafio de falar mais expressivamente. O homem sobre o qual estou escrevendo subiu tanto na escala da administração que se tornou uma figura lendária no alto comércio. No entanto, a primeira vez que falou em público, na universidade, as palavras lhe fugiram. Não conseguiu ir além da metade da palestra de cinco minutos que lhe fora determinada pelo professor. Empalideceu e desceu da tribuna às lágrimas.

O homem que passou por essa experiência em seus dias de jovem estudante não se deixou frustrar por esse fracasso. Estava determinado a ser um bom orador e não abandonou essa determinação enquanto não se tornou consultor econômico do governo, gozando do respeito mundial. Seu nome é Clarence B. Randall. Em um de seus acatados livros, *Freedom's Faith*, ele diz algo sobre o falar em público:

> "Eu tenho ambas as mangas cobertas de insígnias por cada vez que falei em almoços e jantares de associações industriais, câmaras de comércio, clubes rotarianos, campanhas de coleta de fundos, organizações de alunos etc. Tomei parte na Primeira Guerra Mundial através de um patriótico discurso pronunciado em Esnacaba, Michigan; já me apresentei em povoados, para fins de caridade, com Mickey Rooney, e para fins de educação com o reitor James Bryant Conant, de Harvard, e com o conselheiro Robert M. Hutchins, da Universidade de Chicago; já cheguei mesmo a pronunciar em mau francês um discurso de encerramento de jantar.
>
> Creio saber algo sobre aquilo em que um auditório prestará atenção e a maneira como quer ouvi-lo. *E não existe absolutamente nada sobre isso que um homem digno de assumir importante responsabilidade no comércio não seja capaz de aprender, se o desejar.*"

Concordo com o Sr. Randall. A vontade de obter êxito deve ser parte vital no processo de se tornar um orador bem-sucedido. Se eu pudesse penetrar sua mente e avaliar a intensidade de seu desejo e as luzes e as sombras de seu pensamento, poderia prever, quase com certeza, a rapidez de seu progresso no sentido de seu objetivo de aprimoramento da capacidade de comunicação.

Em uma de minhas aulas, no Meio-Oeste, um homem se levantou, na primeira noite, e tranquilamente declarou que, como construtor, não ficaria satisfeito enquanto não se tornasse porta-voz da Associação Americana de Construtores. Não desejava outra coisa senão viajar por este país, para cima e para baixo, e falar a todos que encontrasse sobre os problemas e as realizações de sua indústria. Joe Haverstick sabia o que queria. Ele era o tipo de aluno que delicia o professor, levava tudo ao máximo da seriedade. Desejava ser capaz de falar não apenas sobre questões locais, mas também sobre questões de âmbito nacional, e não havia comedimento em sua vontade. Preparava suas palestras impecavelmente, ensaiava-as com cuidado e jamais perdeu nenhuma aula, embora aquela fosse a época do ano mais atribulada para as pessoas de sua profissão. Aconteceu com ele precisamente o que acontece com alunos desse tipo — progrediu a uma velocidade que a ele mesmo surpreendeu. Em dois meses, tornou-se um dos mais notáveis alunos de sua classe. Foi eleito seu presidente.

O professor que deu esse curso estava em Norfolk, na Virgínia, cerca de um ano mais tarde, e me escreveu:

> "Já tinha me esquecido de Joe Haverstick, lá de Ohio, quando, em uma manhã, enquanto tomava café, abri o *Virginia Pilot*. Lá estava um retrato de Joe e uma notícia a seu respeito. Na noite anterior, ele havia falado perante um enorme auditório de construtores daquela área e fiquei sabendo que Joe não era apenas um porta-voz da Associação Nacional de Construtores; era o seu presidente."

Assim, para obter êxito neste campo, você precisa ter as qualidades que são essenciais a qualquer esforço digno: desejo que se converta em entusiasmo, persistência capaz de vencer montanhas e autoconfiança para acreditar que será bem-sucedido.

Quando Júlio César atravessou o Canal da Mancha, partindo da Gália, e desembarcou suas legiões no que é agora a Inglaterra, o que fez ele para assegurar o sucesso de seu exército? Algo muito inteligente: deteve seus soldados nos branquicentos penhascos de Dover; estes, ao olharem para as ondas a sessenta metros abaixo, viram as chamas consumindo todos os navios nos quais haviam velejado. Em território inimigo, rompido o último elo com o continente, queimados os últimos meios de retirada, somente uma coisa lhes restava: avançar, conquistar. Foi exatamente o que fizeram.

Tal era o espírito do imortal César. Por que não será este, também, o seu espírito quando você se lançar à conquista do seu medo de falar em público? Faça com que todos os fragmentos de pensamentos negativos sejam consumidos pelas chamas e cerre portas de aço sobre todos os acessos ao irresoluto passado.

4. AGARRE-SE A TODAS AS OPORTUNIDADES DE PRATICAR

O curso dado por mim na Associação Cristã de Moços da Rua 125, antes da Primeira Guerra Mundial, modificou-se a ponto de não ser mais reconhecido. A cada ano novas ideias foram sendo introduzidas nas aulas, enquanto velhas ideias eram postas de lado. No entanto, uma das características do curso permanece inalterada. Todos os alunos de uma classe devem falar uma vez, ou duas, na maioria dos casos, perante seus companheiros. Por quê? Porque ninguém pode aprender a falar em público sem falar em público, do mesmo modo que ninguém pode aprender a nadar sem entrar na água. Você poderá ler todos os livros que existem sobre o falar em público — inclusive este — e, ainda assim, não ser capaz de fazê-lo. Este livro é um guia completo. Mas é necessário que você ponha em prática suas sugestões.

Quando perguntaram a Bernard Shaw como aprendera a falar em público de modo tão convincente, ele respondeu: "Do mesmo modo que aprendi a patinar — obstinadamente fazendo de mim mesmo um tolo, até me acostumar." Quando jovem, Shaw era uma das pessoas mais tímidas de Londres. Com frequência andava para baixo e para cima no Embankment, antes de se aventurar a bater em uma porta. "Poucos homens", confessou ele, "terão sofrido mais por covardia ou se terão sentido mais horrivelmente envergonhados por causa dela."

Finalmente ele se referiu ao método mais rápido e seguro já concebido para vencer a timidez, a covardia e o medo. Ele decidiu transformar sua maior fraqueza em seu recurso mais poderoso. Filiou-se a uma sociedade de debates. Entregando o seu coração à causa do socialismo e falando em prol desta causa, George Bernard Shaw tornou-se um dos mais confiantes e brilhantes oradores da primeira metade do século vinte.

Oportunidades de falar existem em todas as partes. Associe-se a organizações e ofereça-se para trabalhos que exijam que você fale. Posicione-se em reuniões públicas, ainda que seja apenas para apoiar uma moção. Não ocupe uma cadeira de trás nas reuniões departamentais. Fale! Lecione nas escolas dominicais. Torne-se um líder do escotismo. Associe-se a qualquer grupo de cujas reuniões você tenha oportunidade de participar ativamente. Basta que você olhe em torno para ver que dificilmente existe qualquer atividade comercial, comunitária, política, profissional ou mesmo distrital que não o desafie a falar em público. Você nunca vai saber o quanto está progredindo a não ser que fale, torne a falar e fale mais uma vez.

— Sei de tudo isso — disse-me uma vez um jovem executivo comercial —, mas hesito em me defrontar com a experiência do aprendizado.

— Experiência! — repliquei. — Afaste esse pensamento de sua cabeça. Você jamais pensou no aprendizado com o espírito correto... o espírito de conquistador.

— Que espírito é esse? — quis saber ele.

— O espírito da aventura — respondi-lhe, e conversei um pouco com ele sobre o caminho para o sucesso através do falar em público, e sobre o entusiasmo e o desdobramento da personalidade.

— Darei uma chance — admitiu ele finalmente. — Mergulharei nessa aventura.

À medida que você ler este livro e for pondo em prática os seus princípios, estará também mergulhando na aventura. Você verá que se trata de uma aventura em que o seu poder de autodireção e sua visão o sustentarão. Verá que se trata de uma aventura que poderá modificar você por dentro e por fora.

CAPÍTULO 2

Desenvolvendo a confiança

"Há cinco anos, Sr. Carnegie, fui até o hotel onde o senhor estava fazendo uma de suas demonstrações. Cheguei à porta do salão de conferências, mas parei. Eu sabia que, se entrasse naquele salão e me matriculasse no curso, mais cedo ou mais tarde teria que fazer um discurso. Minha mão, já na maçaneta, gelou. Não consegui entrar. Voltei e saí do hotel.

Se, então, eu soubesse como o senhor torna fácil vencer o medo, o medo paralisante de enfrentar um auditório, eu não teria perdido esses últimos cinco anos."

O homem que proferiu essas reveladoras palavras não falava sentado a uma mesa ou a uma secretária. Ele estava se dirigindo a um auditório de cerca de duzentas pessoas. Era a cerimônia de diplomação de um de meus cursos na cidade de Nova York. À medida que ele falava, iam me impressionando, particularmente, sua atitude e sua autoconfiança. Aí estava um homem, raciocinava eu, cuja capacidade como executivo seria tremendamente aumentada pela firmeza e pela confiança recém-adquiridas. Como seu professor, eu me sentia deliciado de ver que ele havia aplicado um golpe mortal no medo e não pude deixar de imaginar como esse homem teria sido mais bem-sucedido e mais feliz se sua vitória sobre o medo tivesse ocorrido cinco ou dez anos antes.

Segundo Emerson, "o medo derrota maior número de pessoas do que qualquer outra coisa no mundo". Meu Deus, o quanto tenho me tornado consciente da amarga verdade desse conceito. Quanto sou grato por, ao longo da minha vida, ter sido capaz de salvar do medo inúmeras pessoas! Quando comecei a dar minhas aulas, em 1912, pouco percebia que este treinamento viria revelar-se um dos melhores métodos já concebidos para ajudar pessoas a eliminarem seus medos e seus sentimentos de inferioridade. Verifiquei que o aprender a falar em público é o método da própria natureza para dominar o acanhamento e para a formação da coragem e da autoconfiança. Por quê? Porque falar em público faz com que entremos em luta com nossos temores.

Durante os anos em que treinei pessoas a falarem em público, adquiri algumas ideias para ajudar você, leitor, a rapidamente dominar o nervosismo e a desenvolver a confiança em umas poucas semanas de prática.

1. CONHEÇA A VERDADE SOBRE O MEDO DE FALAR EM PÚBLICO

Fato Número Um

Você não é a única pessoa que tem medo de falar em público. Levantamentos realizados em universidades mostram que 80 a 90% de todos os estudantes matriculados em cursos de oratória sofrem de nervosismo diante da turma no início das aulas. Estou inclinado a acreditar que, no início de meus cursos, este número é maior entre os adultos, quase chegando aos 100%.

Fato Número Dois

É útil certa dose de nervosismo! Este é um meio natural de nos prepararmos para enfrentar os desafios incomuns do dia a dia. Assim, quando você sentir o pulso bater mais rápido e a respiração acelerar-se, não fique alarmado. Seu corpo, sempre alerta aos estímulos externos, está se aprontando para entrar em ação. Se essas preparações físicas forem mantidas dentro de limites, você será capaz de pensar mais rápido, de falar com mais fluência e, de modo geral, de se expressar com maior intensidade do que sob circunstâncias normais.

Fato Número Três

Muitos oradores profissionais me asseguraram que jamais perderam completamente o nervosismo diante da plateia. Este medo está quase sempre presente pouco antes de começarem a falar e poderá persistir durante as primeiras frases de seus discursos. Este é o preço que pagam esses homens e mulheres por serem como cavalos de corrida e não como cavalos de tração. Oradores que se dizem "frios como pedra" em todas as circunstâncias são, normalmente, inflexíveis como uma pedra e tão inspiradores quanto uma pedra.

Fato Número Quatro

A principal causa de você ter medo de falar em público é simplesmente o fato de que você não está acostumado a falar em público. "O medo é o filho bastardo da ignorância e da incerteza", diz o Prof. Robinson em *The Mind in the Making* (A mente em ação). Para a maioria das pessoas, o falar em público é uma incógnita e, como consequência, sobrecarrega as pessoas com ansiedade e medo. Para o iniciante é uma série complexa de situações estranhas, mais complicadas, digamos, do que aprender a jogar tênis ou a dirigir automóvel. Para tornar simples e fáceis essas situações atemorizantes, o remédio é: prática, prática, prática. Você verificará como já aconteceu com milhares e milhares, que o falar em público pode ser uma alegria, e não uma agonia, meramente por ir aumentando sua bagagem com um rosário de bem-sucedidas experiências.

A história de como Albert Edward Wiggam, destacado orador e psicólogo popular, dominou o seu medo, tem sido para mim uma inspiração desde que a ouvi pela primeira vez. Ele conta como se sentia aterrorizado ante a ideia de falar em público no ginásio durante cinco minutos.

"À medida que o dia se aproximava eu adoecia cada vez mais. Sempre que o aterrorizante pensamento me ocorria, todo o sangue me afluía à cabeça, e as maçãs do meu rosto ficavam tão quentes que eu me dirigia à parte de trás do edifício da escola para encostá-las nos frios tijolos da parede, a fim de tentar reduzir o rubor que delas se apossava. Na universidade foi a mesma coisa.

'Certa vez, decorei cuidadosamente o começo de uma declamação, 'Adam e Jefferson se foram'. Quando olhei para o auditório, minha cabeça rodava tanto que eu mal sabia onde me encontrava. Consegui dizer em voz entrecortada a frase inicial, declarando que 'Adam e Jefferson morreram'. Não fui capaz de dizer mais nada, de modo que fiz uma reverência e... voltei solenemente para o meu lugar, no meio de grandes aplausos. O reitor levantou-se e disse, 'Bem, Edward, estamos chocados com essa triste notícia, mas faremos o possível para superá-la'. Em relação às gargalhadas que se seguiram, a morte, com certeza, teria sido um grande alívio. Fiquei doente durante alguns dias.

Certamente a última coisa que eu poderia esperar era me tornar orador."

Um ano depois de se graduar na universidade, Albert Wiggam se encontrava em Denver. A campanha política de 1896 estava fervendo com o movimento da Prata Livre. Um dia, ele leu um panfleto que explicava o que propunham os adeptos da Prata Livre; ficou tão indignado com o que considerou erros e promessas vazias de Bryan e seus adeptos que empenhou seu relógio, a fim de conseguir dinheiro suficiente para retornar à sua terra natal, o estado de Indiana. De volta à sua terra, ofereceu-se para falar sobre estabilidade monetária. Muitos de seus colegas da época escolar se encontravam entre os seus ouvintes. "Quando comecei", escreve ele, "a imagem do meu discurso sobre Adam e Jefferson me veio à cabeça. Gaguejava e tremia; tudo me parecia perdido, mas, como Chauncey Depew dizia com frequência, eu e os ouvintes conseguimos, de alguma forma, sobreviver à introdução. Encorajado, mesmo por esse pequeno êxito, continuei falando durante o que me pareceu quinze minutos. Para minha surpresa, descobri que estivera falando durante uma hora e meia!

Como resultado, dentro de poucos anos, me vi ganhando a vida como orador profissional. Não havia ninguém mais surpreso que eu.

Conheci, em primeira mão, aquilo que William James queria dizer com o *hábito do sucesso*."

Sim, Albert Edward Wiggam aprendeu que um dos modos mais seguros de dominar o medo devastador de falar perante grupos de pessoas é aumentar a própria bagagem com um rosário de experiências bem-sucedidas.

Você deverá contar com uma certa dose de medo como acessório natural do seu desejo de falar em público e deverá aprender a controlar seu nervosismo diante do auditório para ajudá-lo a proferir um discurso melhor.

Se o nervosismo diante do auditório fugir ao seu controle e restringir seriamente a eficiência de suas palavras, por causar bloqueios mentais, falta de fluência, tiques incontroláveis e demasiados espasmos musculares, não se desespere. Os sintomas não são incomuns em principiantes. Se você se esforçar, verá que o grau de nervosismo não tardará a reduzir-se até o ponto em que se traduzirá numa ajuda e não num obstáculo.

2. PREPARE-SE DE MANEIRA ADEQUADA

Há alguns anos, o principal orador de um almoço do Rotary Club de Nova York era um distinto funcionário do governo. Esperávamos ouvi-lo descrever as atividades de seu departamento.

Quase de imediato tornou-se óbvio que ele não preparara o seu discurso. Inicialmente, procurou falar de improviso. Falhando nessa tentativa, tirou do bolso um punhado de notas que, evidentemente, não estava mais organizado que um vagão carregado de sucata. Mexia e remexia essas notas, ficando cada vez mais envergonhado e mais incapaz de proferir suas palavras. Minuto a minuto ia ficando mais desanimado e mais assustado. Mas continuou, tateando, desculpando-se, procurando dar algum sentido ao emaranhado de suas notas e levando o copo com água, com mãos trêmulas, aos seus ressequidos lábios. O homem nada mais era do que um triste exemplo de alguém completamente dominado pelo medo, devido à quase total falta de preparação. Finalmente sentou-se, um dos mais humilhados oradores que até hoje eu vi. Fizera o seu discurso do modo que, segundo Rousseau, devem ser escritas as cartas de amor: começou sem saber o que dizer e terminou sem saber o que tinha dito.

Desde 1912, um de meus deveres profissionais tem sido o de avaliar mais de cinco mil discursos por ano. Dessa experiência, uma grande lição se destaca sobre todas as demais, como o Monte Everest em relação às montanhas: *somente o orador preparado merece ter confiança*. Como pode alguém pensar em atacar a fortaleza do medo se entrar em combate com armas obsoletas ou sem munição? "Acredito", disse Lincoln, "que jamais serei velho demais para falar sem me constranger, quando não tiver nada para dizer."

Se você deseja desenvolver sua autoconfiança, por que não fazer a única coisa que lhe dará segurança como orador? "O amor perfeito", escreveu o Apóstolo João, "vence o medo." Assim, faça uma preparação perfeita. Daniel Webster declarou que era preferível aparecer perante um auditório seminu do que semipreparado.

JAMAIS DECORE UM DISCURSO PALAVRA POR PALAVRA

Quando falamos em "preparação perfeita", será que estamos querendo dizer que você deve decorar o seu discurso? A esta pergunta respondo com um categórico NÃO! Em suas tentativas de se protegerem contra os perigos de um bloqueio mental diante do auditório, inúmeros oradores mergulharam de cabeça na armadilha de decorar o que pretendiam dizer. Uma vez viciado nesse tipo de narcótico mental, o orador está desesperançadamente amarrado a um método de preparação que consome precioso tempo e destrói a naturalidade na tribuna.

Quando H. V. Kaltenborn, o decano dos comentaristas de notícias americano, estudava na Universidade de Harvard, tomou parte num concurso de oratória. Para isso, selecionou uma história curta, intitulada "Cavalheiros, o Rei". Decorou-a palavra por palavra e ensaiou-a centenas de vezes. No dia do concurso, ele anunciou o título, "Cavalheiros, o Rei". Em seguida, o seu cérebro deu pane. Não apenas deu pane; pifou. Kaltenborn ficou aterrorizado. Desesperado, começou a contar a história com suas próprias palavras. Para surpresa sua, o júri lhe conferiu o primeiro prêmio. Daquele dia até hoje, H. V. Kaltenborn não mais leu nem decorou discurso algum. O que ocorreu com ele constitui o segredo do sucesso de sua carreira no rádio. Ele prepara algumas notas e se dirige naturalmente aos seus ouvintes, sem roteiro. Quem escreve e decora o que pretende dizer está desperdiçando tempo e energias e, ao mesmo tempo, cortejando o desastre. Durante toda a nossa vida falamos espontaneamente. Jamais pensamos em palavras. Pensamos em ideias. Se as ideias forem claras, as palavras virão natural e inconscientemente, como o ar que respiramos.

Até mesmo Winston Churchill teve que aprender a lição da pior forma. Quando jovem, Churchill escrevia e decorava os seus discursos. Um dia, quando proferia um discurso decorado perante o

Parlamento da Inglaterra, sentiu-se imobilizado nas trilhas do seu raciocínio. Sua mente estava vazia. Ficou envergonhado, sentiu-se humilhado. Repetiu a última frase que havia dito. De novo, sentiu a mente vazia e o rosto enrubescer. Sentou-se. Daquele dia em diante, Winston Churchill jamais proferiu um discurso decorado.

Se decorarmos, palavra por palavra, aquilo que vamos dizer, provavelmente nos esqueceremos quando nos defrontarmos com os nossos ouvintes. Mesmo que não nos esqueçamos das palavras que vamos dizer, possivelmente iremos proferi-las de forma mecânica. Por quê? Porque elas não sairão de nossos corações, e sim da nossa memória. Quando conversamos com alguém na intimidade, sempre pensamos algo que desejamos dizer e dizemos aquilo que queremos, sem pensar nas palavras. Isto é o que temos feito durante toda a nossa vida. Por que agora tentar mudar? Se escrevermos e decorarmos aquilo que pretendemos dizer, poderemos passar pela mesma experiência por que passou Vance Bushnell.

Vance era diplomado pela Escola de Belas Artes de Paris e, mais tarde, tornou-se vice-presidente de uma das maiores companhias de seguros do mundo — a Equitable Life Assurance Society. Anos atrás, pediram-lhe que proferisse um discurso numa reunião a que compareceriam dois mil representantes da Equitable Life em todo país e que seria realizada em White Sulphur Springs, na Virgínia Ocidental. Naquela ocasião, ele se encontrava havia apenas dois anos no ramo dos seguros, mas tinha obtido grande êxito, razão pela qual foi combinado que fizesse uma palestra de vinte minutos.

Vance deleitou-se com a ideia. Sentiu que isso lhe daria prestígio. Infelizmente, porém, escreveu e decorou o que pretendia dizer. Ensaiou quarenta vezes em frente a um espelho. Tinha tudo decorado: todas as palavras, todos os gestos, todas as expressões faciais. Estava perfeito, pensava ele.

No entanto, quando foi à frente para proferir seu discurso, ficou aterrorizado. Disse: "Minha parte, nesse programa, é..." Seu cérebro esvaziou-se. Em sua confusão, recuou dois passos e tentou começar de novo. Mais uma vez sentiu o cérebro vazio. Tornou a recuar dois passos e tentou começar mais uma vez. Três vezes fez a mesma coisa. A tribuna se elevava a um metro e pouco; não havia anteparo à retaguarda; uma distância de cerca de dois metros separava da parede a parte de trás da tribuna. Assim, quando recuou pela quarta vez, ele desabou da tribuna e desapareceu no espaço vazio à sua retaguarda. O auditório explodiu em gargalhadas. Um homem chegou a cair da cadeira e rolar no chão entre as fileiras de assentos. Jamais na história da Equitable Life Assurance Society, antes ou depois de Vance, pessoa alguma fez uma apresentação tão engraçada. A parte surpreendente da história é que o auditório pensou que tudo fizesse parte da performance. Os mais antigos da Equitable Life ainda comentam, até hoje, o desempenho de Vance.

Mas e o orador Vance Bushnell? Ele mesmo me confessou ter sido a ocasião mais constrangedora de sua vida. Sentiu-se tão infeliz que pediu demissão.

Os superiores de Vance Bushnell persuadiram-no a rasgar o pedido. Conseguiram restaurar sua autoconfiança e Vance Bushnell, anos mais tarde, tornou-se o mais persuasivo orador de sua organização. No entanto, jamais decorou novamente um discurso. Vamos nos beneficiar de sua experiência.

Tenho ouvido falar de inúmeras pessoas que procuram proferir discursos decorados, mas não me lembro sequer de um único orador que não teria demonstrado mais vida, mais efeito, mais humanidade, se tivesse atirado no lixo suas palavras decoradas. Quem assim proceder poderá esquecer alguns de seus pontos principais. Poderá divagar, mas pelo menos será humano.

Disse Abe Lincoln, uma ocasião: "Não gosto de escutar um sermão maçante. Quando escuto um homem pregar, gosto de vê-lo agir como se estivesse lutando contra abelhas." O que Lincoln queria dizer é que gostava de ouvir um orador libertar-se e entusiasmar-se. Orador algum poderá agir como se estivesse lutando contra abelhas se procurar lembrar-se de palavras decoradas.

REÚNA E PONHA EM ORDEM SUAS IDEIAS ANTECIPADAMENTE

Qual, então, é a maneira apropriada de preparar um discurso ou uma palestra? Simplesmente esta: procure, no âmago de seus conhecimentos, experiências significativas que lhe ensinaram algo sobre a vida, reúna *seus* pensamentos, *suas* ideias, *suas* convicções, emanadas dessas experiências. Uma verdadeira preparação significa meditar sobre o tema. Como disse o Dr. Charles Reynold Brown, há alguns anos, em uma notável série de conferências na Universidade de Yale: "Medite sobre o tema até que ele se torne suave e fluente... em seguida anote todas essas ideias, com poucas palavras, o necessário apenas para fixá-las... anote-as em pedaços de papel — você verificará como é fácil arrumar e organizar essas notas quando chegar a hora de pôr em ordem o material de que dispõe." Isso não parece uma tarefa difícil, não é mesmo? Sim, não é difícil. Apenas exige um pouco de concentração e aplicação.

TREINE COM SEUS AMIGOS AQUILO QUE VAI DIZER

Deverá você treinar o que vai dizer, em alguma espécie de ordem? Absolutamente. Há um método seguro, fácil e eficiente. Use as ideias que você escolheu para o seu discurso nas conversações cotidianas com os seus amigos e colegas de trabalho. Em vez de falar de assuntos como resultados do futebol, incline-se sobre a mesa do almoço e diga algo como: "Sabe, Joe, passei por uma experiência incomum um dia desses. Gostaria de falar com você a esse respeito." Joe, provavelmente, gostará de ouvir o que você tem a dizer. Observe suas reações. Escute seus comentários. Talvez ele tenha alguma ideia interessante e que seja valiosa. Ele não sabe que você está treinando um discurso ou uma palestra, o que, realmente, não tem importância. Mas provavelmente dirá que apreciou a conversa.

Allan Nevis, o ilustre historiador, dá aos escritores um conselho semelhante: "Arranje um amigo que esteja interessado no assunto e fale sobre tudo o que você aprendeu. Desse modo você poderá descobrir interpretações que talvez lhe tenham passado despercebidas, argumentos que não tenham sido considerados e a forma mais adequada para a história que você tem a contar."

3. PREDISPONHA SUA MENTE PARA O SUCESSO

No primeiro capítulo, como você deve estar lembrado, essa frase foi usada com referência à formação da correta atitude para o treinamento do falar em público em geral. A mesma regra se aplica à tarefa com que agora você se defronta, isto é, a tarefa de fazer de cada oportunidade de falar uma experiência bem-sucedida. Há três modos de obter-se tal resultado:

DEIXE-SE ABSORVER PELO SEU TEMA

Depois de selecionar o seu assunto, submetê-lo a um plano e treiná-lo "conversando" com seus amigos, a sua preparação ainda não está completa. Você deverá se convencer da importância do seu tema. Você deverá assumir a atitude que inspirou todos os personagens verdadeiramente grandes da História: acreditar em sua causa. Como inflamar as chamas da fé em sua mensagem? Explorando todas as camadas do seu tema, arrebatando os seus significados mais profundos e perguntando a si mesmo como suas palavras ajudarão os ouvintes a se tornarem pessoas melhores pelo fato de as terem escutado.

AFASTE SUA ATENÇÃO DOS ESTÍMULOS NEGATIVOS QUE POSSAM PREJUDICÁ-LO

Por exemplo, imaginar-se cometendo erros gramaticais ou chegando a um súbito fim no meio de suas palavras é certamente uma projeção negativa que poderá afetar sua confiança antes de começar a falar. É especialmente importante manter sua atenção afastada de si bem antes de chegar sua vez. Concentre-se no que os outros oradores ou conferencistas estão dizendo, dando-lhes toda a atenção e, desse modo, não se desenvolverá em você um nervosismo exagerado.

INSTILE CONFIANÇA EM SI PRÓPRIO

A não ser que esteja empenhado em uma grande causa a que tenha dedicado toda a sua vida, qualquer orador experimentará momentos de dúvida sobre o seu tema. Indagará a si mesmo se aquele assunto é apropriado para si e se o auditório estará interessado nele. Será lamentavelmente tentado a mudar de tema. Em tais ocasiões, quando o negativismo, provavelmente, arrasa por completo sua confiança, é necessário que você a instile em si próprio. Em termos claros e diretos, diga a si mesmo que o assunto lhe é apropriado, pois resulta de sua experiência e de sua filosofia de vida. Diga a si mesmo que você está mais qualificado do que qualquer outro membro do auditório para abordar esse assunto específico, e, por Deus, que você empregará o melhor dos seus esforços para levá-lo a bom termo. Será que a motivação baseada na autossugestão está fora de moda? Talvez, mas os modernos psicólogos experimentais concordam em que esse método é um dos mais fortes incentivos a um rápido aprendizado, mesmo quando simulado. Quão mais poderoso, então, não será o efeito de uma sincera instilação de autoconfiança, baseado na verdade?

4. AJA CONFIANTEMENTE

O mais famoso psicólogo dos Estados Unidos, Prof. William James, escreveu:

> "A ação parece seguir-se ao sentimento, mas, na realidade, ação e sentimento caminham juntos. Regulando a ação, que se encontra sob controle mais direto da vontade, podemos, indiretamente, regular o sentimento, que não se encontra nessa mesma situação.
>
> Assim, o melhor caminho para restabelecer a alegria, caso você a perca em determinado momento, é levantar-se e agir e falar como se a alegria ali estivesse. Se tal conduta não o fizer sentir-se alegre, nada mais o fará nessa ocasião.
>
> Para sentir-se corajoso, aja como se você o fosse, empregue toda sua vontade nisso, e uma onda de valentia muito provavelmente substituirá o pânico."

Aplique o conselho do Prof. James. Para desenvolver a coragem, quando se defrontar com um auditório, aja como se você tivesse coragem. É claro que, se não estiver preparado, de pouco lhe adiantará agir assim. Mas, se você souber o que vai dizer, avance resolutamente e respire fundo. Isso, respire profundamente durante trinta segundos antes de se defrontar com um auditório. O suprimento de oxigênio aumentado fará com que você se sinta mais leve e lhe dará coragem. O grande tenor Jean de Reszke costumava dizer que, quando se conseguia manter a respiração, de modo a se poder "dominá-la", o nervosismo desaparecia.

Reúna toda a confiança que puder, olhe seu auditório diretamente nos olhos e comece a falar como se todos os ouvintes lhe estivessem devendo dinheiro. Imagine que é verdade. Imagine que eles ali se encontram reunidos para lhe solicitarem um aumento de crédito. O efeito psicológico que isso exercerá em você será benéfico.

Caso duvide que essa filosofia faça sentido, você mudará de opinião após uma conversa de alguns minutos com praticamente qualquer pessoa que tenha feito o curso e que tenha praticado as ideias em que este livro se baseia. Como você não poderá falar com essas pessoas, aceite a palavra de um americano que será sempre um símbolo de coragem. Esse homem já foi a mais tímida das criaturas humanas; pela prática da autoconfiança, veio a tornar-se uma das mais ousadas; foi ele o demolidor de monopólios, o rei das plateias, o grande ex-presidente dos Estados Unidos Theodore Roosevelt.

"Tendo sido uma criança frágil e desajeitada", confessa ele em sua autobiografia, "fui, quando rapaz, inicialmente, nervoso e sem confiança em meu potencial. Tinha que me exercitar dolorosa e laboriosamente, não só com relação a meu corpo como também com relação ao meu espírito e ao meu ânimo."

Felizmente Roosevelt revelou como obteve a transformação.

> "Quando menino, li uma passagem num livro de Marryat que me impressionou. Nessa passagem, o capitão de um pequeno navio de guerra inglês explica ao herói como adquirir a qualidade do destemor. Diz ele que quase todos os homens, inicialmente, sentem medo ao entrarem em ação, mas o que podem fazer é manter o controle de tal forma que possam agir como se não estivessem com medo. Se isso puder ser mantido durante bastante tempo, acabará por transformar o fingimento em realidade, e o homem de fato se tornará intimorato, praticando o destemor quando não o sente.
>
> Foi essa a teoria em que me baseei. Havia inúmeros tipos de coisas sobre as quais eu inicialmente me sentia amedrontado, desde os ursos pardos aos cavalos 'indomáveis' e aos pistoleiros; no entanto, agindo como se não sentisse medo, eu gradualmente passei a não ter medo. A maioria dos homens poderia passar pela mesma experiência, se assim desejasse."

Dominar o medo de falar em público também tem um tremendo valor para tudo mais que podemos fazer. Os que encaram esse desafio verificam que se tornam melhores pessoas devido a isso. Verificam que a sua vitória sobre o medo de falar em público os leva a uma vida mais rica e mais completa.

Um vendedor escreveu: "Depois de ter falado algumas vezes diante da classe, senti que podia lidar com qualquer um. Numa manhã me encaminhei até a porta de um agente de compras particularmente difícil e, antes que ele pudesse dizer 'não', espalhei minhas amostras em cima de sua mesa; ele me fez o maior pedido que já recebi."

Uma dona de casa disse a um de nossos representantes: "Eu tinha medo de convidar os vizinhos a virem à nossa casa, temerosa de que não conseguisse manter a conversação. Após comparecer a algumas aulas e ter falado diante da turma, encorajei-me e fiz a minha primeira festa. Foi um grande sucesso. Não tive qualquer problema em estimular a conversação do grupo dentro de temas interessantes."

Em uma cerimônia de graduação, um balconista assim se expressou: "Eu tinha medo dos clientes e lhes dava a impressão de que estava me desculpando. Após falar algumas vezes perante a classe, verifiquei que estava me expressando com mais segurança e mais atitude e comecei a responder às objeções com autoridade. Minhas vendas subiram 45% no mês seguinte àquele em que comecei a falar perante a classe."

Todas essas pessoas descobriram que era fácil dominar outros medos e ansiedades e obter êxito onde antes haviam falhado. Você também verificará que o falar em público o capacitará a enfrentar tudo o que o dia a dia lhe apresenta com o seguro toque que a confiança lhe proporciona. Você terá capacidade para enfrentar os problemas e conflitos da vida com um senso de domínio. Aquilo que tem sido uma série de situações insolúveis poderá tornar-se um brilhante desafio que levará você a uma vida mais prazerosa.

CAPÍTULO 3

Fale bem de modo rápido e fácil

Raramente vejo televisão no dia a dia. No entanto, um amigo me pediu, recentemente, que eu assistisse a um programa de auditório vespertino. Esse programa tinha um elevado índice de audiência e o meu amigo desejava que eu o visse por julgar que o quadro do programa de que a plateia participava me interessaria. E de fato assim foi. Assisti ao programa inúmeras vezes, fascinado pela maneira como o seu apresentador obtinha êxito em conseguir com que pessoas do auditório falassem de uma forma tal que atraía e prendia minha atenção. Essas pessoas, obviamente, não eram locutores profissionais. Jamais haviam sido treinadas na arte da comunicação. Algumas delas cometiam erros gramaticais e pronunciavam mal as palavras. Todas elas, porém, estavam interessadas. Quando começavam a falar, pareciam perder todo o medo das câmeras e mantinham a atenção do auditório.

Por quê? Sei a resposta porque venho empregando a técnica usada nesse programa há muitos anos. Essas pessoas, homens e mulheres comuns e simples, estavam prendendo a atenção de ouvintes em todo o país; falavam a respeito de si mesmas, sobre os seus momentos mais vergonhosos, suas recordações mais agradáveis ou como haviam conhecido seus cônjuges. Não estavam preocupadas com sua dicção nem com a construção de suas frases. Mesmo assim, obtinham a aprovação do auditório — atenção completa ao que tinham a dizer. Essa é uma prova insofismável do que, para mim, é a primeira das três regras principais para aprender a falar em público de modo fácil e rápido.

1. FALE DE UM ASSUNTO EM QUE VOCÊ TENHA COMPETÊNCIA ADQUIRIDA POR MEIO DA EXPERIÊNCIA OU DO ESTUDO

As pessoas cujas histórias de vida tornavam interessante o programa de televisão estavam falando de suas próprias experiências pessoais. Estavam falando sobre algo que conheciam. Imaginem que programa enfadonho seria se o apresentador pedisse a essas pessoas que definissem o comunismo ou que descrevessem a estrutura das Nações Unidas. Ainda assim, esse é exatamente o erro que inúmeros oradores cometem em incontáveis reuniões e banquetes. Resolvem falar de assuntos sobre os quais têm pouco ou nenhum conhecimento pessoal e aos quais devotaram pouca ou nenhuma atenção. Escolhem um tema como Democracia, Patriotismo ou Justiça e, depois de uma pesquisa frenética em um livro de citações ou em um manual do orador para todas as ocasiões, lançam apressadamente alguma generalização vagamente lembrada de um curso de ciências políticas por eles feito há anos, na universidade, e continuam a falar numa arenga que não se destaca em nada a não ser pela duração. Jamais ocorre a esses oradores que o auditório esteja interessado em exemplos práticos que deem sentido a esses conceitos obscuros.

Em uma reunião regional dos instrutores da Dale Carnegie, no Hotel Conrad Hilton, de Chicago, há alguns anos, um aluno de oratória começou a falar da seguinte maneira: "Liberdade, Igualdade, Fraternidade. São essas as ideias mais poderosas existentes no dicionário da humanidade. Sem liberdade a vida não é digna de ser vivida. Imaginemos o que seria a vida se nossa liberdade de ação fosse limitada por todos os lados."

Isso foi tudo o que disse o orador, pois o instrutor sabiamente o interrompeu e, em seguida, perguntou-lhe por que ele acreditava naquilo que estava dizendo. Indagou-lhe se tinha alguma prova ou experiência pessoal em apoio ao que ele acabara de dizer. Foi então que ele nos contou uma história surpreendente.

Ele havia lutado com as forças da Resistência Francesa. Contou-nos as indignidades a que ele e sua família haviam sido submetidos pelos alemães. Descreveu, num discurso evocativo, como havia escapado à polícia secreta e como, finalmente, conseguira chegar aos Estados Unidos. Terminou dizendo: "Enquanto vinha hoje descendo pela Michigan Avenue, em direção a esse hotel, eu tinha a liberdade de vir para cá ou ir a qualquer outro lugar se o desejasse. Entrei neste hotel sem que me fosse necessário apresentar uma carteira de identidade e, quando esta reunião estiver terminada, poderei ir a qualquer lugar de Chicago que eu deseje. Acreditem, a liberdade é algo pelo que vale a pena lutar." O auditório aplaudiu-o de pé.

CONTE-NOS O QUE A VIDA LHE ENSINOU

Oradores que falam sobre o que a vida lhes ensinou nunca deixam de prender a atenção de seus ouvintes. Sei, por experiência própria, que os oradores não são facilmente persuadidos a adotarem esse ponto de vista, pois evitam lançar mão de experiências pessoais por considerá-las demasiado triviais e demasiado restritivas. Eles preferem pairar sobre o reino das ideias gerais e dos princípios filosóficos, onde, infelizmente, o ar é por demais rarefeito para que nele possam respirar meros mortais. Dão-nos artigos de opinião quando estamos com fome de notícias imparciais. Nada contra artigos de opinião quando são escritos por quem tenha competência sobre o assunto — um editor ou um redator de jornal. Ainda assim, o ponto continua a ser: Fale sobre o que a vida lhe ensinou e terá em mim um devotado ouvinte.

Diz-se de Emerson que ele estava sempre disposto a escutar qualquer pessoa, por mais humilde que fosse, pois achava que poderia aprender algo com todos com quem conversasse. Eu escutei mais pessoas que qualquer um na Europa Ocidental e posso afirmar, com toda a sinceridade, que nunca ouvi uma conversação enfadonha quando a pessoa falava sobre o que a vida havia lhe ensinado, não importa quão leve ou trivial possa ter sido a lição.

Vejamos um exemplo. Há alguns anos, um de nossos professores estava conduzindo um curso sobre como falar em público para executivos dos bancos de Nova York. Naturalmente os membros de tal grupo, com muitas demandas e pouco tempo, frequentemente encontravam dificuldade em se prepararem adequadamente ou efetuarem o que concebiam como preparação. Durante toda a vida eles haviam raciocinado com base nos próprios ideais, meditando sobre suas próprias convicções pessoais, vendo as coisas pelos seus distintos pontos de vista, vivendo suas próprias experiências singulares. Durante quarenta anos vinham armazenando material para palestras. Para alguns deles, porém, foi difícil perceber uma coisa dessas.

Numa sexta-feira, um certo cavalheiro, ligado a um dos bancos dos subúrbios da cidade — que, para o nosso objetivo, designaremos como o Sr. Jackson —, verificou que eram quatro e meia e... sobre o que falaria ele? Saiu de seu escritório, comprou na banca de jornais a *Forbe's Magazine* e, na viagem até o Federal Reserve Bank, onde daria sua aula, leu um artigo intitulado "Você tem apenas dez anos para obter êxito". Leu não porque nele tivesse algum interesse especial, mas porque desejava ter mais sobre o que falar em sua aula.

Uma hora depois, ele se pôs a falar de maneira convincente e interessante sobre o que continha tal artigo.

Qual o resultado, o inevitável resultado?

Ele não havia digerido, não havia assimilado o que estava tentando dizer. "Tentado dizer" — é a expressão exata. *Ele estava tentando.* Mas, na realidade, não havia qualquer mensagem que pudesse tirar de si, o que toda a sua postura e todo o seu tom revelavam inconfundivelmente. Como poderia ele esperar que o auditório estivesse mais impressionado do que ele mesmo estava? O Sr. Jackson continuava a se referir ao artigo, a citar que o autor dissera isso e aquilo. Havia, em suas palavras, um excesso de *Forbe's Magazine,* mas, lamentavelmente, pouco do Sr. Jackson.

Após terminar sua fala, o instrutor disse-lhe: "Sr. Jackson, não estamos interessados nessa obscura personalidade que escreveu esse artigo. O autor não está aqui. Não podemos vê-lo. Estamos, no entanto, interessados no senhor e em suas ideias. Diga-nos aquilo que o senhor pensa, pessoalmente, e não o que outra pessoa tenha dito. Ponha no que diz um pouco mais do Sr. Jackson. Quer nos falar sobre esse mesmo assunto na semana que vem? Torne a ler esse mesmo artigo e pergunte a si mesmo se o senhor concorda ou não com o autor. No caso positivo, ilustre os pontos de concordância com base em sua própria experiência. Se o senhor não concordar com o autor, diga-nos por quê. Façamos com que esse artigo seja o ponto de partida para a sua palestra."

O Sr. Jackson releu o artigo e concluiu que não concordava absolutamente com o autor. Vasculhou sua memória à procura de exemplos com que provar seus pontos de discordância. Desenvolveu e expandiu suas ideias com detalhes colhidos de sua própria experiência como executivo de um banco. Na semana seguinte, voltou e fez uma palestra plena de suas próprias convicções, baseada nos seus conhecimentos anteriores. Em vez do artigo requentado de uma revista, ele nos ofertou o ouro de sua própria mina, moedas cunhadas em suas próprias instalações. Adivinhe qual das duas palestras produziu na classe um impacto maior.

PROCURE OS TÓPICOS EM SEU PASSADO

Uma vez pediu-se a um grupo de nossos instrutores que escrevessem em uma tira de papel o que consideravam como o maior problema que eles tinham com os principiantes. Quando as tiras de papel foram recolhidas, verificou-se que o problema mais frequentemente encontrado nas sessões iniciais do meu curso era "conseguir que os iniciantes falassem sobre os tópicos apropriados".

Qual é o tópico apropriado? Você poderá ter a certeza de que dispõe do tópico apropriado se já o viveu e se ele surgiu de sua própria experiência e reflexão. Como encontrar o seu tópico? Mergulhando na sua memória e procurando no seu passado as passagens importantes de sua vida que lhe causaram uma vívida impressão. Há alguns anos, fizemos um levantamento dos tópicos que prendiam a atenção das classes. Verificamos que os tópicos mais aprovados pelos ouvintes eram os relacionados com certas áreas razoavelmente comuns à experiência passada de alguém.

Primeiros Anos da Vida e Educação. Tópicos sobre a família, lembranças da infância e os dias de escola invariavelmente atraem a atenção, pois quase todos nós estamos interessados na maneira pela qual as outras pessoas enfrentaram e dominaram os obstáculos encontrados no meio em que foram criadas.

Sempre que possível, ilustre sua fala com exemplos e casos de seus primeiros anos de vida. A popularidade das peças, filmes e histórias que mostram como foram enfrentados os desafios do mundo nos primeiros anos de vida de alguém atesta o valor dessa área como assunto de palestras. Como, porém, pode você estar certo de que alguém se interessará no que lhe aconteceu quando era jovem? Há um teste para isso. Se algo permanecer vividamente em sua memória, depois de decorridos muitos anos, é quase certo que o auditório estará interessado nesse fato.

Lutas Iniciais para Progredir. Esta é uma área de interesse humano. Aí, mais uma vez, o interesse de um grupo pode ser mantido através do relato de suas primeiras tentativas para imprimir no mundo as suas marcas. Como você conseguiu obter determinado emprego ou seguir determinada profissão? Que momentos foram decisivos em sua carreira? Conte-nos seus fracassos, suas esperanças, seus triunfos enquanto você lutava por firmar-se no mundo competitivo. A história de vida de alguém — se apresentada com modéstia — é, quase certamente, material de fácil combustão.

Passatempos e Recreação. Tópicos nessa área são baseados em escolha pessoal e, como tal, são assuntos que atraem a atenção. Você não errará ao falar de algo que fez por puro prazer. Seu entusiasmo natural pelo seu passatempo favorito ajudará a fazer com que esse assunto seja bem aceito pela plateia.

Áreas de Conhecimento Específico. Muitos anos de trabalho no mesmo setor transformarão você em perito nesse campo. Você pode estar certo de que obterá considerável atenção se abordar aspectos de sua vida ou profissão baseado em anos de experiências ou de estudos.

Experiências Incomuns. Você já encontrou algum grande homem? Esteve sob fogo durante a guerra? Foi submetido, em sua vida, a alguma crise espiritual? Essas experiências são o melhor material para temas.

Crenças e Convicções. Talvez você tenha dedicado grande parte de seu tempo e de seus esforços a pensar a respeito de sua posição com relação a assuntos vitais com que se defronta o mundo de hoje. Se você houver dedicado muitas horas ao estudo de assuntos de importância, adquiriu o direito de falar sobre eles. Mas, ao fazê-lo, tenha a certeza de que apresenta exemplos específicos para as suas convicções. Os auditórios não apreciam palestras repletas de generalizações. Por favor, não considere a leitura casual de alguns artigos publicados em jornais como preparação para falar sobre esses tópicos. Se o seu conhecimento sobre o assunto for apenas pouco maior do que o de seus ouvintes, é melhor evitá-lo. Por outro lado, se você devotou anos de estudo a algum tema, este é, indubitavelmente, um tópico feito sob medida para você. Não hesite, utilize-o.

Como foi ressaltado no Capítulo Dois, a preparação de uma palestra não consiste meramente em ordenar algumas palavras mecanicamente em um pedaço de papel ou em decorar uma série de frases. Tampouco consiste em retirar ideias de segunda mão de algum livro lido apressadamente ou de algum artigo de jornal. A preparação consiste em vasculhar o cérebro e o coração à procura de alguma das convicções essenciais que a vida ali tenha depositado. Jamais duvide de que o material esteja ali. Ele está ali! Um grande tesouro à espera de que você o descubra. Não desdenhe esse material considerando-o muito pessoal ou demasiado irrelevante para que um auditório o ouça. Tenho me divertido intensamente e me emocionado profundamente com tais relatos, muito mais do que com os de meus oradores profissionais.

Somente falando de alguma coisa sobre a qual você adquiriu o direito de falar é que você será capaz de satisfazer o segundo requisito para aprender a falar em público rápido e facilmente. Vejamos esse segundo requisito.

2. CERTIFIQUE-SE DE QUE ESTÁ EMPOLGADO COM SEU TEMA

Nem todos os tópicos sobre os quais eu e você adquirimos o direito de falar nos empolgam. Por exemplo, como devoto do "faça-o você mesmo", eu certamente estou qualificado para falar sobre limpeza da louça. Mas, seja como for, não consigo empolgar-me por esse tema. Na realidade, eu preferiria esquecer tudo a esse respeito. Mesmo assim, tenho escutado outras pessoas realizarem palestras extraordinárias sobre esse mesmo tópico. De algum modo despertaram em seu íntimo uma fúria indignada sobre a tarefa eterna de lavar louça ou desenvolveram métodos engenhosos de se desincumbirem de tão desagradável encargo que se tornaram de fato empolgadas a esse respeito. Como consequência, elas conseguiram impressionar ao falarem sobre a limpeza da louça.

Eis aqui uma pergunta que o ajudará a decidir sobre a adequabilidade dos tópicos sobre os quais você se sente capacitado a discutir em público: se alguém se levantasse e se opusesse frontalmente aos seus pontos de vista, você poderia falar com convicção e sinceramente em defesa de sua posição? Se você se sentir capaz de fazê-lo, aí está o seu tópico certo.

Recentemente encontrei algumas notas que escrevi em 1926, depois de ter visitado a Sétima Sessão da Liga das Nações, em Genebra, na Suíça. Eis o parágrafo escrito: "Depois de três ou quatro oradores completamente sem vida terem lido as suas anotações, Sir George Foster, do Canadá, subiu a tribuna. Com imensa satisfação observei que não tinha anotações nem papéis de qualquer espécie: ele gesticulava quase sem parar. Punha seu coração naquilo que estava dizendo. Era algo que desejava ardentemente que fosse levado a bom termo. O fato de estar sinceramente procurando transmitir ao auditório certas convicções que abrigava em seu próprio coração era tão claro quanto o Lago de Genebra, do lado de fora da janela. Princípios que eu venho defendendo em minhas aulas foram lindamente ilustrados naquele discurso."

Com frequência me lembro do discurso de Sir George. Ele estava sendo franco e sincero. Somente escolhendo tópicos que habitam nosso coração e nossa mente, essa sinceridade pode ser manifestada. O bispo Fulton J. Sheen, um dos mais dinâmicos oradores da América, aprendeu essa lição ainda jovem.

Ele escreveu ele em seu livro *Life is Worth Living*:

"Fui escolhido para a equipe de debates da universidade e, na noite anterior ao debate da Notre Dame, nosso professor me chamou ao seu gabinete e me repreendeu:

— Você é péssimo. Nunca tivemos, em toda a história deste estabelecimento, alguém que fosse pior orador que você.

— Bem — disse eu, procurando justificar-me —, se sou assim tão ruim, por que o senhor me escolheu para a equipe?

— Porque — respondeu ele — você sabe pensar; não porque saiba falar. Vá ali para aquele canto. Escolha um parágrafo do seu discurso e repasse-o.

Li e reli o parágrafo inúmeras vezes, durante uma hora, ao fim da qual ele perguntou: 'Encontrou algum erro?' 'Não', respondi. Mais uma hora e meia, duas horas, duas horas e meia, ao fim das quais me encontrava exausto, perguntou ele: 'Você não descobriu ainda qual é o erro?'

Sendo naturalmente rápido, após duas horas e meia eu peguei o ponto. Respondi, 'Sim. Não estou sendo sincero. Não estou sendo eu mesmo. Não estou falando como se realmente acreditasse nisso.'"

Foi nesse momento que o bispo Sheen aprendeu a lição da qual jamais se esqueceria: *entregue-se completamente à sua palestra*. Ele se empolgou pelo seu tema. Somente então o sábio professor afirmou: "Agora você está pronto para falar."

Quando um dos nossos alunos diz "Eu não me empolgo com coisa alguma. Minha vida sempre foi monótona", os nossos instrutores sabem que devem perguntar-lhe o que faz no tempo livre. Um vai ao cinema, outro joga boliche, um terceiro cultiva rosas. Um deles disse que colecionava caixas de fósforos. À medida que o instrutor continuava a lhe fazer perguntas sobre esse passatempo incomum, ele foi se animando gradualmente. Não tardou a empregar gestos para descrever os armários em que guardava sua coleção. O homem disse ao instrutor que tinha caixas de fósforos de quase todas as partes do mundo. Quando ele se entusiasmou com seu tópico favorito, o instrutor o interrompeu. "Por que você não nos fala sobre esse assunto? Parece-me fascinante." O homem disse achar que ninguém se interessaria! Eis aí um homem que durante anos se dedicara a um passatempo que constituía quase uma paixão para ele; ainda assim, questionava seu valor como tema de palestra. O instrutor assegurou a esse aluno que a única maneira de avaliar se um determinado assunto interessa é perguntar a si mesmo quão interessado você está nele. Naquela noite, ele falou com todo o fervor de um verdadeiro colecionador e vim a saber, mais tarde, que ele obtivera certo reconhecimento local, tendo sido convidado a comparecer a vários almoços para falar sobre a arte de colecionar caixas de fósforos.

Esse exemplo conduz diretamente ao terceiro princípio para aqueles que desejam uma forma fácil e rápida de aprender a falar em público.

3. ANSEIE COMPARTILHAR SUA MENSAGEM COM OS OUVINTES

Há três fatores envolvidos durante a fala em público: o orador, o discurso ou mensagem e o público. Os dois primeiros princípios deste capítulo trataram da relação entre o orador e o discurso. Até este ponto não se falou na oração propriamente. Somente quando o orador se dirige a um grupo de pessoas, a oração passa a ter existência. O discurso deve ser bem preparado. Ele deve estar relacionado com um assunto pelo qual o orador se sinta empolgado. No entanto, para um êxito completo, outro fator deve ser considerado ao falar-se em público. É preciso fazer com que os ouvintes sintam que o que vai ser dito lhes é importante. Não basta que o orador esteja empolgado com o seu tópico; ele deve, também, estar ansioso por transmitir seu interesse aos ouvintes. Todos os oradores de sucesso, na história da eloquência, têm um toque inconfundível de vendedor, missionário, dê o nome que quiser. O orador persuasivo deseja sinceramente que os seus ouvintes sintam o que ele está sentindo, concordem com seu ponto de vista, façam aquilo que ele julga que lhes é acertado fazerem, apreciem e revivam com ele sua experiência. O público, e não ele mesmo, deve ser o foco. Ele sabe que o sucesso ou o fracasso de sua palestra não lhe cabe decidir — será decidido na mente e no coração daqueles que o ouvem.

Treinei inúmeros homens da seção nova-iorquina do Instituto Americano de Bancos para falarem durante um congresso de economia. Um dos homens, em particular, não estava conseguindo sair-se bem com os seus ouvintes. O primeiro passo para ajudar esse homem foi inflamar a sua mente e o seu coração de entusiasmo pelo seu tema. Disse-lhe que procurasse pensar sobre o assunto até tornar-se entusiasmado a respeito. Pedi-lhe que se lembrasse de que, de acordo com os registros do Tribunal de Sucessões de Nova York, mais de 85% das pessoas nada deixam ao morrerem, somente 3,3% deixam 10.000 dólares ou mais. Ele deveria ter em mente, o tempo inteiro, que não estava pedindo a ninguém um favor ou algo que não pudesse ser feito. Ele deveria dizer para si mesmo: "Estou preparando essas pessoas para que tenham alimentos, roupa e conforto quando forem velhas e para que deixem suas viúvas e filhos em segurança quando morrerem." Ele tinha que se lembrar de que estava realizando um grande serviço social. Em resumo, tinha que agir como um benfeitor.

O homem meditou sobre esses fatos. Inflamou-os em sua mente. Soergueu o próprio interesse, estimulou o próprio entusiasmo e veio a sentir que, de fato, tinha uma missão a cumprir. Então, todas as vezes que ia falar, havia uma aura em suas palavras que levava à convicção. Conseguia convencer os seus ouvintes das vantagens da economia porque estava ávido por ajudar as pessoas. Já não era apenas um orador munido de fatos; era um missionário, procurando converter os ouvintes a uma causa justa.

Durante certa época da minha carreira de professor, eu confiava consideravelmente nas regras de oratória contidas nos livros. Ao fazê-lo, estava meramente reproduzido alguns dos maus hábitos que me haviam sido instilados por professores que não haviam se libertado das pomposas mecânicas da locução.

Jamais esquecerei minha primeira lição sobre oratória. Tinham-me ensinado a deixar que o meu braço pendesse molemente a meu lado, com a palma da mão voltada para trás, os dedos semicerrados e o polegar tocando minha perna. Foi-me ensinado a levar o braço para cima em uma curva pitoresca, a fim de que o punho descrevesse uma volta clássica, e em seguida desdobrasse primeiro o polegar, depois o indicador, e, por fim, o dedo mínimo. Quando todo o estético e ornamental movimento tivesse sido executado, o braço deveria retraçar a curva e tornar a repousar ao lado da perna. Toda a mecânica era artificial e afetada. Nela nada havia de sincero ou honesto.

Meu instrutor não fez questão alguma de que eu pusesse em minhas palavras minha própria individualidade, de que eu falasse como um ser humano normal, vivo, conversando de um modo enérgico com os meus ouvintes.

Comparem esse estilo mecânico de oratória com os três princípios apresentados neste capítulo. Eles são a base do meu método de treinamento para falar e convencer. Você vai se deparar com eles inúmeras vezes neste livro. Nos três próximos capítulos, estes princípios serão explicados com detalhes.

RECAPITULAÇÃO DA PRIMEIRA PARTE

Fundamentos da boa oratória

Capítulo 1. Desenvolvendo as habilidades básicas

1. Aprenda com a experiência alheia
2. Não perca de vista o seu objetivo
3. Predisponha sua mente para o sucesso
4. Agarre-se a todas as oportunidades de praticar

Capítulo 2. Desenvolvendo a confiança

1. Conheça a verdade sobre o medo de falar em público
2. Prepare-se de maneira adequada
   - Jamais decore um discurso palavra por palavra
   - Reúna e ponha em ordem suas ideias antecipadamente
   - Treine com seus amigos aquilo que vai dizer
3. Predisponha sua mente para o sucesso
   - Deixe-se absorver pelo seu tema
   - Afaste sua atenção dos estímulos negativos que possam prejudicá-lo
   - Instile confiança em si próprio
4. Aja confiantemente

Capítulo 3. Fale bem de modo rápido e fácil
1. Fale de algum assunto em que você tenha competência adquirida por meio da experiência ou do estudo
   — Conte-nos o que a vida lhe ensinou
   — Procure os tópicos em seu passado
2. Certifique-se de que está empolgado com seu tema
3. Anseie compartilhar sua mensagem com os ouvintes

SEGUNDA PARTE

Discurso, orador e público

Nesta parte trataremos do triângulo da oratória — os três aspectos a serem considerados ao falar-se em público.

Primeiro, há o próprio discurso. Tomamos conhecimento do tema de nossa fala e de como ele deve ser revestido da tessitura de nossa experiência.

Segundo, há o orador. Nessa parte abordamos os atributos da mente, do corpo e da voz que devem fornecer energia ao discurso.

Em terceiro lugar, há o público, que é o alvo das palavras e o árbitro final do sucesso ou do fracasso da mensagem do orador.

CAPÍTULO 4

Conquistando o direito de falar

Há muitos anos, um doutor em filosofia e um homem inculto, mas arguto, que passara sua juventude na marinha inglesa, matricularam-se em um de nossos cursos em Nova York. O diplomado em Filosofia era um professor universitário, enquanto o ex-marujo era proprietário de uma pequena transportadora em uma rua secundária. As palavras deste último eram muito mais bem recebidas pela classe do que as do professor. Por quê? O professor empregava um inglês elegante. Era urbano, culto, refinado. Suas palavras eram sempre lógicas e claras. Faltava-lhes, porém, algo essencial — solidez. Eram palavras vagas e generalizadas. Jamais ilustrou um de seus pontos com algo de sua experiência pessoal. O que dizia, normalmente, nada mais era do que uma série de ideias abstratas, ligadas entre si por um débil fio de lógica.

Por outro lado, o proprietário da pequena transportadora era claro, concreto, pitoresco. Falava exemplificando com fatos da vida cotidiana. Apresentava-nos um ponto e logo o reforçava, relatando-nos o que lhe acontecera no decorrer de suas atividades como negociante. Descrevia as pessoas com quem tinha de lidar e suas dores de cabeça em se manter em dia com as leis. A vivacidade e o frescor de sua fraseologia faziam com que suas palestras fossem altamente instrutivas e divertidas.

Cito esse exemplo não porque seja típico de professores universitários ou de homens no ramo do transporte de cargas, mas somente porque ele ilustra o poder de atrair atenção exercido por detalhes ricos e coloridos em uma palestra.

Há quatro maneiras de se desenvolver material oratório capaz de garantir a atenção do público. Se você seguir esses quatro passos na sua preparação, estará no caminho certo para obter a atenção total dos seus ouvintes.

1. LIMITE O SEU ASSUNTO

Uma vez que tenha selecionado o seu tópico, o primeiro passo é delimitar a área que você deseja cobrir e manter-se estritamente dentro desses limites. Não cometa o erro de tentar cobrir todo o campo. Um jovem tentou falar durante dois minutos sobre o tema "Atenas, desde o ano 500 a.C. até a Guerra da Coreia". Completamente inútil! Mal tinha ele passado da fundação da cidade quando teve que se sentar, mais uma vítima da compulsão de querer abarcar muito em pouco tempo. Sei que esse é um exemplo extremo, mas já ouvi milhões de falas menos ambiciosas em escopo e que, no entanto, deixaram de atrair a atenção pela mesma razão — abrangiam demasiados pontos. Por quê? Porque é impossível para a mente guardar uma monótona série de fatos. Se suas palavras soam como as do Almanaque Mundial, você não será capaz de prender por muito tempo a atenção. Escolha um assunto simples, como uma viagem ao Parque Nacional de Yellowstone. Em sua ansiedade por nada deixar de fora, a maioria dos oradores terá algo a dizer sobre cada vista panorâmica do Parque. O público será levado de um ponto a outro com estonteante velocidade. No fim, tudo o que ficará como lembrança é um borrão de quedas-d'água, montanhas e gêiseres. Deixaria muito mais recordações uma palestra em que o orador se limitasse a um aspecto do Parque, como por exemplo a vida silvestre ou as fontes de água quente. Haveria, então, tempo para desenvolver os tipos de detalhes pictóricos que fariam com que o Parque Yellowstone ganhasse vida, com todo o seu colorido e sua variedade.

Isso se aplica a qualquer assunto, seja ele vendas, confeitaria, isenção de impostos ou balística. É preciso que você, antes de começar, limite e selecione o seu assunto, comprimindo-o dentro de uma área de complexidade proporcional ao tempo que você tem à disposição.

Em uma palestra curta, de menos de cinco minutos de duração, tudo o que você pode esperar é levar a termo um ou dois pontos. Se a duração for mais longa, até trinta minutos, poucos oradores obterão êxito se procurarem cobrir mais de quatro ou cinco ideias principais.

2. DESENVOLVA ENERGIA DE RESERVA

É mais fácil proferir uma palestra que deslize pela superfície do que aprofundar-se nos fatos. No entanto, quando você escolhe o caminho fácil, pouca ou nenhuma impressão causará no público. Depois de ter comprimido o seu assunto, o passo seguinte é perguntar a si mesmo que questões aprofundarão sua compreensão e o prepararão para falar com autoridade sobre o tópico por você escolhido. "Por que acredito nisso? Quando vi essa ideia concretizar-se na vida real? O que, exatamente, estou procurando provar? Como, precisamente, aconteceu?"

Questões como essas exigem respostas que lhe darão energia de reserva, o poder que faz com que as pessoas parem e escutem. Dizia-se de Luther Burbank, o mago da botânica, que ele produzia um milhão de espécimes de plantas para encontrar um ou dois exemplares da mais alta qualidade. Com uma fala se dá a mesma coisa. Reúna uma centena de pensamentos relacionados com o seu tema e em seguida desfaça-se de noventa.

"Sempre procuro reunir dez vezes mais informações do que as que vou utilizar, às vezes cem vezes mais", declarou John Gunther não há muito tempo. O autor da série de livros *Inside,* de grande vendagem, estava se referindo ao modo pelo qual se preparava para escrever um livro ou proferir uma palestra.

Em certa ocasião, seus atos comprovaram suas palavras. Em 1956, ele estava trabalhando em uma série de artigos sobre hospitais psiquiátricos. Para isso, visitou instituições, conversou com supervisores, enfermeiros e pacientes. Um amigo meu estava sempre com ele, prestando-lhe ligeira assistência na pesquisa, e me disse que eles devem ter percorrido vários quilômetros subindo e descendo escadas, ao longo dos corredores, de pavilhão em pavilhão, dia após dia. O Sr. Gunther fazia anotações. De volta a seu gabinete, analisava relatórios dos governos estaduais, do governo federal e de hospitais particulares e resmas de estatísticas de comitês.

"No fim", disse-me o meu amigo, "ele escreveu quatro artigos curtos, suficientemente simples e ilustrados para serem usados em palestras agradáveis. O papel em que os artigos foram escritos pesava, talvez, alguns gramas. As cadernetas de anotações e tudo o mais que Gunther usou como base para aqueles poucos gramas devem ter pesado uns dez quilos."

O Sr. Gunther sabia que estava adentrando em terreno aurífero, de exploração lucrativa. Sabia que não poderia desprezar coisa alguma. Percebendo a oportunidade, deu tudo de si e colheu pepitas de ouro.

Um cirurgião, meu amigo, declarou: "Posso lhe ensinar, em dez minutos, como extrair um apêndice. Mas precisaria de quatro anos para lhe ensinar o que fazer se alguma coisa sair errada." Com a oratória se dá a mesma coisa. Prepare-se, sempre, para lidar com qualquer surpresa, tal como uma mudança de ênfase devido às observações de um orador precedente, ou um ponto levantado por alguém do auditório na hora do debate.

Você também pode adquirir energia de reserva pela seleção do seu tópico o mais cedo possível. Não vá adiando a escolha até um dia ou dois antes daquele em que deve falar. Se você se decidir sobre o tópico com antecedência, gozará da inestimável vantagem de ter o seu subconsciente trabalhando para você. Nos momentos ociosos do dia, quando não estiver trabalhando, explore o seu assunto, refine as ideias que você quer transmitir ao seu público. O tempo normalmente gasto em devaneios quando você está voltando para casa em seu automóvel, esperando um ônibus ou viajando no metrô pode ser devotado à meditação sobre o tema de sua fala. É durante esse período de incubação que você pode ter um insight sobre o seu tópico, justamente por tê-lo escolhido com bastante antecedência e estar o seu subconsciente trabalhando nele.

Norman Thomas, orador soberbo que tem conquistado a respeitosa atenção de grupos bastante opostos aos seus pontos de vista políticos, afirmou: "Se deseja que um discurso tenha alguma importância, o orador deve respirar seu tema ou sua mensagem, virando-o e revirando-o em sua mente. Ele ficará surpreso com os inúmeros exemplos ou formas de apresentar seu tema que lhe ocorrerão enquanto caminha pela rua, lê um jornal, se apronta para dormir, ou quando se levanta pela manhã. Uma fala medíocre é, muitas vezes, meramente o inevitável e apropriado reflexo de um pensamento medíocre e a consequência de um conhecimento imperfeito do assunto em em questão."

Enquanto você estiver envolvido nesse processo, sentirá forte tentação de escrever sua fala, palavra por palavra. Procure não fazer isso, pois, uma vez que você tenha estabelecido um roteiro, provavelmente se sentirá satisfeito com ele e poderá parar de lhe dedicar mais algum pensamento construtivo. Além disso, há o perigo de decorar o que escreveu. Mark Twain tinha algo a dizer a respeito da memorização: "As coisas escritas não são para serem ditas; sua forma é literária; são duras e inflexíveis e não emprestam a si mesmas um efeito feliz ao serem proferidas com a língua. Quando sua finalidade for meramente divertir, e não instruir, elas terão que ser descontraídas, descomplicadas, postas sob a forma coloquial e transportadas para o estilo simples da fala espontânea; de outro modo, as palavras maçarão o auditório, em lugar de diverti-lo."

Charles F. Kettering, cujo gênio inventivo alavancou o crescimento da General Motors, foi um dos mais renomados e vigorosos oradores da América. Perguntado se costumava escrever sua fala ou parte dela, respondeu: "Acredito que o que tenho a dizer seja por demais importante para ser escrito no papel. Prefiro gravar na mente de meus ouvintes e em suas emoções, com todo o peso do meu ser. Não pode existir uma folha de papel entre mim e aqueles a quem quero impressionar."

3. INTERCALE O QUE VOCÊ DIZ COM ILUSTRAÇÕES E EXEMPLOS

Em seu livro, *Art of Readable Writing*, Rudolf Flesch inicia um dos capítulos dizendo: "Somente as histórias predispõem à leitura." Em seguida, ele mostra que esse princípio é seguido pelo *Time* e pelo *Reader's Digest*. Quase todos os artigos nessas duas publicações de alta tiragem são escritos inteiramente como narrativas ou são generosamente entremeados com anedotas. Não se pode negar o poder de uma história em prender a atenção ao se falar perante grupos ou ao se escrever para revistas.

Norman Vincent Peale, cujos sermões têm sido ouvidos por milhões de pessoas através do rádio e da televisão, diz que seu material de apoio favorito em uma palestra é a ilustração ou o exemplo. Uma vez, ele declarou a um entrevistador do *Quarterly Journal of Speech* que "o exemplo verdadeiro é o melhor método que conheço de tornar uma ideia clara, interessante e persuasiva. Normalmente lanço mão de vários exemplos em apoio aos pontos principais".

Os leitores de meus livros logo se apercebem de como utilizo ilustrações como meio de demonstrar os principais pontos de minhas mensagens. Os princípios contidos no livro *Como Fazer Amigos e Influenciar Pessoas* podem ser arrolados em uma página e meia.

As outras 230 páginas do livro estão cheias de histórias e ilustrações para ressaltar como outras pessoas empregaram essas técnicas eficientemente.

Como podemos adquirir essa importante técnica de lançar mão de material ilustrativo? Há cinco maneiras de fazê-lo: Humanize, Personalize, Especifique, Dramatize e Visualize.

HUMANIZE SUA FALA

Pedi, uma vez, a um grupo de homens de negócios americanos, em Paris, que falassem sobre "Como obter êxito". Quase todos eles se limitaram a arrolar um punhado de qualidades abstratas e a dar opiniões sobre o valor do trabalho árduo, persistente e ambicioso.

Interrompi a classe e lhes disse algo mais ou menos como isto: "Não queremos receber lições. Ninguém gosta disso. Lembrem-se, os senhores devem proporcionar entretenimento; do contrário, não prestaremos nenhuma atenção ao que quer que estejam dizendo. Lembrem-se também de que uma das mais interessantes coisas do mundo são os bastidores. Assim, contem-nos as histórias de dois homens que tenham conhecido. Digam-nos por que um deles obteve êxito e o outro não. Escutaremos satisfeitos e — lembrem-se — possivelmente lucraremos com o que vamos ouvir."

Naquele curso havia um certo senhor que, invariavelmente, achava difícil interessar-se ou interessar o público. Certa noite, porém, tocado pela temática do interesse humano, ele nos falou a respeito de dois de seus colegas de universidade. Um deles era tão conservador que havia comprado camisas em diferentes lojas da cidade, feito gráficos mostrando quais se lavavam melhor, duravam mais e apresentavam melhor relação custo-benefício. Sua mente só raciocinava com centavos; ainda assim, ao diplomar-se — no curso de engenharia — tinha a seu próprio respeito uma opinião tão elevada que não queria começar a galgar sua carreira de baixo, como vinham fazendo os outros diplomados. Ainda por ocasião da terceira reunião de formatura da turma, ele estava fazendo gráficos de suas camisas, enquanto aguardava que alguma coisa extraordinária acontecesse em sua vida. Essa coisa nunca aconteceu. Um quarto de século se passou desde então e esse homem, insatisfeito e amargurado com a vida, mantém-se ainda numa posição sem importância.

O orador, então, comparou esse fracasso à história de um de seus colegas que ultrapassou todas as expectativas. Tratava-se de uma pessoa muito sociável. Todo mundo gostava dele. Embora tivesse a ambição de realizar grandes coisas mais tarde, começou a vida como projetista. Estava, porém, atento às oportunidades. Na época, estavam sendo feitos os planos para a Feira Mundial de Nova York. Ele sabia que lá precisariam de talentos como engenheiros e, assim, demitiu-se de seu emprego na Filadélfia e se deslocou para Nova York. Ali criou uma sociedade e se lançou imediatamente no negócio de construções. A sociedade prestou serviços consideráveis a empresas de telefonia e, finalmente, esse engenheiro foi admitido nessa empresa com um grande salário.

Registrei aqui apenas um mero esboço do que o orador disse. Ele fez sua palestra tornar-se interessante e ilustrada com uma vintena de detalhes divertidos e de interesse humano. Falou durante muito tempo — esse homem que, normalmente, não conseguia encontrar material para preencher uma fala de três minutos — e ficou surpreso ao saber, quando parou, que havia ocupado a tribuna durante dez minutos. O que dissera tinha sido tão interessante que pareceu curto para todo mundo. Foi o seu primeiro triunfo.

Quase todas as pessoas podem beneficiar-se desse exemplo. A fala mediana conteria muito mais apelo se fosse rica de casos de interesse humano. O orador deve tentar tratar apenas de alguns tópicos e ilustrá-los com exemplos concretos. Tal método de elaboração do discurso ou palestra dificilmente falha em prender a atenção.

É claro que a fonte mais rica de material de interesse humano é o seu próprio passado. Não hesite em nos falar sobre as suas experiências, pelo receio de que não deva falar sobre a sua própria pessoa. O auditório só objeta a ouvir uma pessoa falar de si mesma quando ela o faz de forma egoística e ofensiva. Nos demais casos, o público se mostra tremendamente interessado em ouvir os casos pessoais contados pelos oradores. Os exemplos pessoais são a maneira mais segura de prender a atenção; não os despreze.

PERSONALIZE SUA FALA PELO EMPREGO DE NOMES

Quando você contar casos que envolvem outras pessoas, cite-lhes os nomes, ou, caso deseje proteger-lhes a identidade, empregue nomes fictícios. Mesmo nomes comuns como "Pedro" ou "João" são muito mais descritivos do que "esse homem" ou "uma pessoa". Dar nomes identifica e individualiza. Rudolf Flesch ressalta: "Nada empresta mais realismo a um caso do que nomes; nada é tão irrealista como o anonimato. Imaginem uma história cujo herói não tem nome."

Se sua fala for cheia de nomes e de pronomes pessoais, pode ter certeza de que obterá a atenção do público, pois você estará se utilizando de um ingrediente que não tem preço — o interesse humano.

SEJA ESPECÍFICO: ENRIQUEÇA SUA FALA COM DETALHES

A esta altura, você poderá dizer: "Isso é muito bom, mas como posso ter a certeza de que estou intercalando em minha fala detalhes suficientes?" Há um teste para esse fim. Use uma fórmula simples, de cinco perguntas, empregada por todos os repórteres ao escreverem um artigo jornalístico: Quando? Onde? Quem? O quê? Por quê?

Seguindo essa fórmula, os seus exemplos terão cor e vida. Permitam-me que ilustre esse conselho com um exemplo, de minha própria autoria, publicado no *Reader's Digest*.

"Após terminar a universidade, passei dois anos viajando por Dakota do Sul, como caixeiro-viajante da Armour. Cobria o meu território viajando em trens de carga. Um dia, tive que permanecer em Redfield por duas horas, à espera de um trem que ia para o Sul. Como a cidade de Redfield não estava incluída em meu roteiro, eu não podia usar o tempo disponível para efetuar vendas. Dentro de um ano eu deveria ir para Nova York, a fim de estudar na Academia Americana de Artes Dramáticas, então decidi utilizar esse tempo livre para praticar minha oratória. Vagando pelo pátio da ferrovia, comecei a ensaiar uma cena de *Macbeth*. Erguendo os braços, exclamei dramaticamente: 'Será uma adaga o que vejo na minha frente, com o punho voltado para minha mão? Oh, deixem-me empunhá-la; ela não é minha, mas vejo-lhe o aço.'

Ainda me sentia imerso nessa cena quando quatro policiais saltaram em cima de mim e me perguntaram por que eu estava assustando mulheres. Eu não teria ficado mais surpreso se eles tivessem me acusado de roubar um trem. Os policiais me disseram que uma dona de casa tinha me observado pela janela de sua cozinha, a uns cem metros de distância. Ela nunca vira tanta movimentação. Por isso chamara a polícia, que, ao se aproximar, ouviu minhas palavras a respeito da adaga.

Contei que estava 'praticando Shakespeare', mas, antes que me soltassem, foi necessário que eu lhes apresentasse meu talão de pedidos da Armour."

Notem que essa anedota responde às perguntas a que me refiro acima.

É claro que excesso de detalhes é pior que nenhum detalhe. Todos nós nos aborrecemos com descrições intermináveis de detalhes superficiais e irrelevantes. Observe como, no incidente em que quase fui preso em uma cidade de Dakota do Sul, há uma resposta breve e concisa a cada uma das cinco perguntas da fórmula. Se você, à sua fala, adicionar detalhes em demasia, seu público ignorará suas observações, recusando-se a emprestar a você sua completa atenção. E, para quem fala, nada há de mais grave do que a falta de atenção.

DRAMATIZE SUA FALA AO EMPREGAR O DIÁLOGO

Suponhamos que você deseje ilustrar como conseguiu acalmar um irado freguês, valendo-se de uma das regras das relações humanas. Você poderá começar como se segue:

"Outro dia, um homem entrou em meu escritório. Ele estava muito zangado porque o aparelho que havia adquirido para sua casa na semana anterior não estava funcionando apropriadamente. Disse-lhe que faríamos tudo que estivesse a nosso alcance para remediar a situação. Não durou muito tempo sua zanga, e ele pareceu satisfeito em saber que tínhamos a intenção de acertar as coisas da melhor maneira." Esse exemplo tem uma virtude — é bastante específica; mas faltam-lhe nomes, detalhes específicos e, acima de tudo, o próprio diálogo, que daria vida ao incidente. Vejamos como fica se adicionarmos essas qualidades.

"Na última quinta-feira, a porta do meu escritório se abriu e, levantando os olhos, deparei-me com Charles Blexam, um de meus fregueses assíduos. Nem tive tempo de lhe oferecer uma cadeira.

— Ed, é o fim da picada — disse ele. — Pode mandar agora mesmo um caminhão lá para a minha casa e tirar do meu porão aquela máquina de lavar roupa.

Perguntei-lhe qual era o problema. Ele respondeu impacientemente:

— Ela não funciona. As roupas se enredam todas e minha mulher se *cansou* dela.

Pedi-lhe que se sentasse e explicasse tudo com mais detalhes.
— Não tenho tempo para sentar-me — disse ele. — Estou atrasado para o meu trabalho e gostaria que jamais tivesse vindo até aqui para comprar um aparelho desses, em primeiro lugar. Acredite, nunca mais voltarei. — Nesse momento deu um murro na mesa, derrubando o retrato da minha mulher.
— Escute aqui, Charley — falei —, se você se sentar e me disser tudo o que está acontecendo, prometo que farei o que estiver ao meu alcance.
Com isso ele sentou-se e discutimos calmamente o assunto."

Nem sempre é possível intercalar um diálogo em sua fala, mas você deve dramatizar o incidente para o ouvinte. Se quem fala tem qualidades de imitação e pode reproduzir o tom original das vozes, o diálogo impressiona mais. O diálogo, além disso, dá a suas palavras a aura de autenticidade da conversação corriqueira e faz com que você se apresente como uma pessoa real, falando em uma mesa de jantar, e não como um pedante discursando perante um grupo de acadêmicos ou um orador declamando para um microfone.

DEMONSTRE VISUALMENTE AQUILO QUE VOCÊ FALA

Os psicólogos nos dizem que mais de 85% de nossos conhecimentos nos chegam através de impressões visuais. Sem dúvida, isso explica a enorme eficácia da televisão como meio de propaganda e como meio de entretenimento. O falar em público, também, é tanto uma arte visual quanto auditiva.
Uma das melhores maneiras de enriquecer uma palestra com detalhes é incorporar nela demonstrações visuais. Você poderá passar horas a me explicar como manejar um taco de golfe e deixar-me entediado. Mas ponha-se de pé e me mostre como faz ao impulsionar

uma bola com o taco e serei todo olhos e ouvidos. Do mesmo modo, se você usar os braços e os ombros para me descrever as manobras erráticas de um avião, estarei muito mais interessado no desfecho do seu relato.

Lembro-me de uma palestra sobre o ramo industrial, que foi uma obra-prima de detalhe visual. O orador estava, com naturalidade, fazendo uma crítica divertida aos inspetores e à eficiência dos peritos. Sua imitação, reproduzindo os gestos e os trejeitos desses cavalheiros, enquanto examinavam uma máquina quebrada, era mais engraçada do que qualquer outra coisa que eu já tivesse visto na televisão. E mais, os detalhes visuais tornaram aquela palestra memorável — eu, por exemplo, jamais a esquecerei e tenho a certeza de que os outros ouvintes daquela palestra ainda falam a seu respeito.

É uma boa ideia perguntar a você mesmo: "Como posso introduzir em minha palestra alguns detalhes visuais?" Passe, então, às demonstrações, pois, como observavam os antigos chineses, uma imagem vale por dez mil palavras.

4. USE PALAVRAS CONCRETAS E FAMILIARES QUE CRIEM IMAGENS

No processo de atrair e de prender a atenção, finalidade primeira de todos os oradores, há um recurso, uma técnica, que é da maior importância. O orador mediano não parece aperceber-se de sua existência. Provavelmente ele jamais pensou a este respeito. Refiro-me ao processo de empregar palavras que criam imagens. O orador a quem se ouve com facilidade é o que faz com que imagens flutuem ante os nossos olhos. Os que empregam símbolos descoloridos, lugares--comuns e conceitos enevoados levam o público ao cochilo.

Imagens, imagens, imagens. Elas são tão livres como o ar que respiramos. Intercalando-as em sua fala, você divertirá mais e será mais influente.

Herbert Spencer, em seu famoso ensaio sobre "A Filosofia do Estilo", destacou, há muito tempo, a superioridade dos termos que produzem imagens brilhantes:

"Não pensamos em generalidade, mas em particularidades... Devemos evitar frases como:

A severidade dos artigos do Código Penal de uma nação está em relação direta com a maldade em seus hábitos, costumes e diversões!

Em lugar de sentenças como esta, devemos escrever:

Os homens serão punidos pela forca, pelo fogo ou pela tortura na mesma proporção do seu deleite com batalhas, touradas e combates de gladiadores."

Frases que evocam imagens enchem as páginas da Bíblia e das obras de Shakespeare, como abelhas em torno de um alambique de cidra. Por exemplo, um escritor de pouco talento dirá que certa coisa é "supérflua", redundante. Como Shakespeare expressaria o mesmo pensamento? Com uma frase pitoresca que se tornou imortal: "Dourar o ouro polido, colorir o lírio, perfumar a violeta."

Você já parou para observar que os provérbios que passam de geração a geração são, quase todos eles, ditados visuais? "Mais vale um pássaro na mão do que dois voando." "Podemos levar um cavalo até o bebedouro, mas não podemos obrigá-lo a beber." Do mesmo modo, você encontrará esse mesmo elemento — a imagem — em quase todas as comparações que têm perdurado durante séculos e que se consagraram pelo uso — "Sabido como uma raposa", "Escuro como a noite", "Duro como uma pedra".

Lincoln, continuamente, empregava terminologia visual. Quando se aborrecia com os relatórios extensos, complicados e burocráticos que chegavam à sua mesa, na Casa Branca, a eles objetava, não com uma fraseologia descolorida, mas com uma frase pictórica, quase impossível de ser esquecida. "Quando mando um homem comprar um cavalo", disse ele, "não quero que ele me diga quantos pelos o cavalo tem na cauda. Quero apenas saber suas características físicas."

Faça com que os seus exemplos evoquem imagens precisas e específicas. Pinte quadros mentais que se destaquem tão distinta e claramente como a galhada de um veado contra o pôr do sol. Por exemplo, a palavra "cão" apresenta um quadro mais ou menos definido desse animal — talvez um *cocker spaniel*, um *terrier* escocês, um são-bernardo, ou um Lulu da Pomerânia. Observe que uma imagem bastante diferente salta diante de seus olhos quando um orador fala em "buldogue" — o termo é menos amplo. Um "buldogue listrado" não forma uma imagem ainda mais explícita? Não é mais claro referir-se a "um pônei Shetland negro" do que a "um cavalo"? Um galo garnisé branco, com uma perna quebrada, não apresenta uma figura mais clara e mais precisa do que, meramente, a palavra "ave"?

Em *The Elements of Style*, William Strunk Jr. afirma: "Todos aqueles que estudaram a arte de escrever estão de acordo em um ponto, a saber: a maneira mais segura de despertar e prender a atenção do leitor é ser específico, preciso, concreto. Os maiores escritores — Homero, Dante, Shakespeare — impressionam grandemente porque tratam de particularidades e relatam os detalhes que verdadeiramente importam. Suas palavras formam imagens." Isso é tão verdadeiro ao falar como ao escrever.

Certa vez, há muitos anos, dediquei uma das sessões do meu curso de oratória à experimentação do discurso factual. Adotamos uma regra segundo a qual em cada frase o orador devia inserir um fato ou um nome próprio, um número ou uma data. Os resultados foram revolucionários. Os membros da classe instituíram um jogo de apanharem-se uns aos outros em generalidades; não se passou muito tempo antes que estivessem empregando não a terminologia enevoada que paira sobre as cabeças de um auditório, mas a linguagem vigorosa e direta do homem das ruas.

"Um estilo abstrato", observou o filósofo francês Alain, "é sempre ruim. As suas frases devem ser cheias de pedras, metais, mesas, cadeiras, animais, homens e mulheres."

Isso também é válido para a conversação no dia a dia. De fato, tudo o que foi dito neste capítulo a respeito do uso de detalhes ao falar em público se aplica à conversação em geral. É o detalhe que deflagra a conversação. Qualquer pessoa que pretenda conversar convencendo e influenciando pode tirar proveito de seguir o que contém este capítulo. Os vendedores descobrirão, também, a magia dos detalhes quando aplicados a suas propostas. As pessoas em cargos executivos, empreendedores e professores verificarão que o emprego de detalhes reais e concretos ajudará muito no ensino e na comunicação, melhorando-os grandemente.

CAPÍTULO 5

Vitalizando sua fala

Logo depois da Primeira Guerra Mundial, eu me encontrava em Londres, trabalhando com Lowell Thomas, que vinha apresentando uma série de brilhantes palestras sobre Allenby e Lawrence da Arábia para auditórios lotados. Um domingo, entrei por acaso no Hyde Park, dirigindo-me até o local próximo à entrada do Marble Arch, onde oradores de todos os credos, cores e convicções políticas e religiosas podem verbalizar suas opiniões sem a interferência da Lei. Durante um momento, escutei um católico explicando a doutrina de infalibilidade do Papa; em seguida, desloquei-me para as proximidades de uma outra multidão, atenta ao que um socialista tinha a dizer sobre Karl Marx. Encaminhei-me para um terceiro orador, que dava as razões pelas quais era justo e apropriado que um homem tivesse quatro esposas! Afastei-me, em seguida, e me voltei para olhar os três grupos.

Você acreditaria que o homem que falava sobre poligamia era o que tinha menor número de ouvintes?! Apenas um punhado de pessoas o escutava. A cada minuto aumentava o número dos que cercavam os outros dois oradores. Perguntei a mim mesmo por quê. Seria a disparidade dos tópicos? Não creio que fosse essa a causa. A explicação, percebi enquanto observava, residia nos próprios oradores. O sujeito que falava sobre as vantagens de ter quatro mulheres não parecia estar interessado, ele próprio, em ter quatro esposas. Os outros dois oradores, no entanto, falando sobre pontos de vista quase diametralmente opostos, sentiam-se envolvidos em seus temas. Falavam com vida e com alma. Seus braços se moviam em gestos apaixonados. Suas vozes vibravam de convicção. Eles irradiavam sinceridade e animação.

Vitalidade, vivacidade, entusiasmo são as primeiras qualidades que sempre considerei essenciais em um orador. Os ouvintes se reúnem em torno de um orador enérgico como perus selvagens em um campo de trigo no outono.

Como pode você adquirir essa vitalidade no falar de modo a prender a atenção de seu público? Neste capítulo, darei a você três maneiras ímpares de ajudá-lo a emprestar entusiasmo e excitação às suas palavras.

1. ESCOLHA ASSUNTOS QUE VOCÊ ENCARE COM SERIEDADE

No Capítulo 3 foi ressaltada a importância de que você se relacione profundamente com o seu tema. A não ser que esteja emocionalmente envolvido no tema que escolheu, você não poderá esperar que o seu público acredite em sua mensagem. Obviamente, se você escolhe um tema que lhe seja empolgante devido a sua longa experiência a esse respeito, tal como um passatempo predileto ou devido a uma profunda identificação ou preocupação com tal assunto (por exemplo, a necessidade de melhores escolas em sua comunidade), não lhe será difícil falar apaixonadamente. O poder persuasivo da sinceridade nunca me foi melhor demonstrado do que em uma palestra proferida a uma de minhas classes na cidade de Nova York, há mais de duas décadas. Já ouvi inúmeras palestras persuasivas, mas essa, a que darei o nome de Caso do Capim dos Campos contra as Cinzas da Nogueira, se projeta como um possível exemplo de triunfo da sinceridade sobre o lugar-comum.

Um vendedor muito conceituado de uma das organizações de vendas mais conhecidas da cidade fez a absurda declaração de que tinha sido capaz de fazer nascer determinada espécie de capim sem o auxílio de sementes ou de raízes. De acordo com o que contava, ele havia espargido cinzas de nogueira sobre um terreno recentemente arado. Pronto! O capim tinha aparecido! Em sua opinião, as cinzas de nogueira, e somente elas, eram as responsáveis pelo surgimento do capim.

Comentando sua palestra, fiz-lhe ver delicadamente que, se verdadeira, sua descoberta o faria milionário, pois aquela determinada espécie de capim valia vários dólares por alqueire. Disse-lhe, também, que ele se tornaria famoso como o maior cientista de toda a história. Informei-o de que homem algum, vivo ou já falecido, jamais tinha sido capaz de realizar o milagre que ele alegava ter realizado; homem algum jamais tinha sido capaz de produzir vida a partir de matéria inerte.

Falei-lhe calmamente, pois julguei que o seu erro era tão palpável, tão absurdo, que eu não precisava dar ênfase à refutação. Depois que terminei, alguns membros do curso viram a tolice de sua afirmativa; ele, no entanto, não o percebeu, por um instante sequer. Estava sendo sincero naquilo que afirmava, profundamente sincero. Rebateu e me garantiu que *não* estava errado. Não estava expondo teorias, protestou, mas experiência pessoal. Ele *sabia o* que estava dizendo. O homem continuava a falar aumentando suas primeiras observações, dando mais informações, acumulando outras provas, a sinceridade e a honestidade saltando de sua boca.

Tornei a esclarecê-lo de que não havia a mais remota esperança no mundo de que ele estivesse certo ou mesmo perto disso, ou, ainda, a menos de mil quilômetros de distância da verdade. Retrucou novamente, oferecendo-se para apostar cinco dólares comigo e que o Departamento de Agricultura dos Estados Unidos decidiria a questão.

Sabe o que aconteceu? Vários membros da classe puseram-se do seu lado. Muitos outros começavam a ter dúvidas. Se houvéssemos feito uma votação, tenho a certeza de que mais da metade dos comerciantes que se encontravam naquela sala não estaria do meu lado. Perguntei-lhes o que os tinha feito abalar-se de sua posição inicial. Um após outro declarou ter sido a sinceridade do orador e sua convicção, tão energicamente afirmada, que os fizeram começar a duvidar da opinião que estava de acordo com o senso comum.

Bem, em face daquela demonstração de incredulidade, tive que escrever para o Departamento de Agricultura. Estava encabulado, confessei em minha carta, em fazer-lhes tão absurda pergunta. Responderam-me, é claro, que era impossível obter-se capim daquela qualidade ou qualquer outra coisa viva das cinzas de nogueira e acrescentaram ter recebido outra carta de Nova York fazendo a mesma indagação. O vendedor estava tão certo de sua posição que, ele também, se sentou e escreveu uma carta!

Este incidente me deu uma lição que jamais esquecerei. *Se a pessoa que fala acredita em uma coisa com sinceridade bastante e a ela se refere com sinceridade bastante, conseguirá adesões à sua causa,* ainda que afirme ser capaz de produzir capim partindo das cinzas de nogueira. Quão mais convincentes seriam as nossas convicções se elas se pusessem do lado do senso comum e da verdade.

Quase todos os oradores se preocupam em saber se o tópico por eles escolhido irá interessar o seu público. Há apenas uma forma de garantir que isso ocorrerá: atice a chama de seu entusiasmo sobre o assunto e você não terá dificuldades em prender o interesse de um grupo de pessoas.

Há pouco tempo ouvi um homem, em uma de nossas classes em Baltimore, alertar sua plateia de que, se a pesca de peixes-vermelhos na Baía de Chesapeake continuasse, a espécie viria a extinguir-se. E isso aconteceria dentro de pouquíssimos anos! Ele estava sendo sincero a respeito do que dizia. Era algo importante. Realmente estava sendo sincero a respeito do que dizia. Tudo sobre sua questão e sua abordagem o demonstrava. Quando ele se levantou para falar, eu nem imaginava que houvesse peixe com esse nome na Baía de Chesapeake. Acredito que mais da metade do plateia compartilhasse da minha ignorância e da minha falta de interesse. No entanto, antes de o homem terminar de falar, é provável que todos nós estivéssemos prontos para assinar uma petição a ser dirigida ao Legislativo a fim de que o peixe-vermelho fosse protegido pela lei.

Richard Washburn Child, ex-embaixador americano na Itália, foi numa ocasião inquirido sobre seu sucesso como escritor. Respondeu: "Tenho tanto entusiasmo pela vida que não posso ficar parado. Tenho que dizer a todo mundo aquilo que sinto." É difícil não se empolgar por um escritor ou um orador desse tipo.

Fui, uma vez, ouvir um conferencista em Londres; depois que ele terminou, um colega, o Sr. E. F. Benson, conhecido novelista britânico, observou que havia gostado mais da parte final da palestra do que de seu início. Quando lhe perguntei por que, replicou: "O próprio conferencista parecia mais interessado na última parte, e sempre dependo do orador para me prover de entusiasmo e interesse."

Vou citar outro exemplo da importância da escolha dos tópicos.

Um senhor, a quem chamaremos de Sr. Flynn, estava matriculado em um de nossos cursos em Washington, D.C. Uma noite, no início do curso, ele devotou suas palavras a uma descrição da capital dos Estados Unidos. Coligira seus fatos apressada e superficialmente de um panfleto publicado por um jornal local. Seus fatos pareciam secos, desconexos, indigestos. Embora o Sr. Flynn morasse em Washington havia muitos anos, não citou qualquer exemplo pessoal de por que gostava da cidade. Limitou-se a recitar uma série de fatos áridos, e sua fala foi tão penosa de ser ouvida pela classe quanto sua agonia em proferi-la.

Quinze dias depois, aconteceu algo que tocou profundamente o Sr. Flynn: um motorista desconhecido havia batido em seu carro novo, que se encontrava estacionado na rua, e tinha fugido sem se identificar. Foi impossível para o Sr. Flynn receber o seguro e teve, ele mesmo, que pagar a despesa. Ali estava alguma coisa emanando, fresca, de sua experiência. Sua palestra sobre a cidade de Washington, laboriosamente montada, frase por frase, fora penosa para si e para a plateia; no entanto, quando falou sobre o seu carro amassado, suas palavras se inflamaram e fervilharam de vida, como o Vesúvio em ação. A mesma turma, que se remexera inquieta em suas cadeiras duas semanas antes, dessa vez recompensou o Sr. Flynn com aplausos calorosos.

Como tenho ressaltado repetidamente, você não obterá outra coisa senão o êxito se escolher o tópico apropriado. Há uma área que certamente constitui material inflamável: fale sobre as suas convicções. Por certo você tem convicções fortes sobre alguns aspectos da vida. Não é necessário procurar esses assuntos muito longe; eles se encontram geralmente na superfície da sua consciência, porque, com frequência, você pensa sobre eles.

Não há muito tempo, uma sessão do Legislativo sobre a pena capital foi apresentada na televisão. Inúmeras testemunhas foram convocadas para apresentarem os seus pontos de vista, de ambos os lados desse controvertido assunto. Uma das testemunhas era um membro da polícia da cidade de Los Angeles, que, evidentemente, havia refletido muito a esse respeito. Ele tinha convicções firmes, baseadas no fato de que onze de seus colegas da polícia haviam sido mortos em luta armada com criminosos. Suas palavras tinham a sinceridade profunda de quem acredita, do fundo do coração, na justiça de sua causa. Os maiores apelos, na história da eloquência, partiram sempre dos pélagos das convicções arraigadas e sentimentos profundos de alguém. A sinceridade repousa na convicção, e esta é tanto matéria do coração e do sentimento caloroso sobre o que você está dizendo como do cérebro e do raciocínio frio sobre o que você tem a dizer. "O coração tem razões que a razão desconhece." Em muitas classes tenho tido ocasião de comprovar, inúmeras vezes, a arguta frase de Pascal. Lembro-me de um advogado, em Boston, que tinha o privilégio de uma aparência imponente e que falava com admirável fluência. Ao terminar a sua fala, porém, o que diziam dele era: "Falou bonito!" A impressão que predominava era de superficialidade, pois não havia qualquer sinceridade por trás de sua brilhante fachada de palavras. Na mesma turma, havia um corretor de seguros de aparência pouco atraente, homem que proferia uma palavra aqui, outra acolá, mas que, quando falava, não havia em seus ouvintes qualquer dúvida de que ele acreditava em cada palavra que dizia.

Já se passaram quase cem anos do assassinato de Abraham Lincoln no camarote presidencial do Teatro Ford, em Washington, D.C., mas a profunda sinceridade de suas palavras e de sua vida ainda vive conosco. No que diz respeito ao conhecimento da legislação, dezenas de outros homens de sua época foram-lhe superiores. Faltavam-lhe graça, suavidade e polimento. No entanto, a sinceridade e a honestidade de seus discursos em Gettysburg, no Sindicato do Cobre, e nos degraus do Capitólio, em Washington, jamais foram ultrapassadas em nossa história.

Você poderá dizer, como disse um homem certa vez, que não dispõe de convicções ou interesses profundos. Sempre me surpreendo um pouco com essa declaração, mas eu disse àquele homem que se ocupasse e se interessasse por alguma coisa. "O que, por exemplo?", perguntou ele. "Por pombos", disse eu em desespero. "Pombos?", repetiu ele, admirado. "Sim", respondi. "Pombos. Vá até lá, à praça, observe-os, dê-lhes de comer; leia sobre eles na biblioteca e depois volte aqui e nos fale a respeito." Ele o fez. Quando voltou não havia como mantê-lo quieto. Pôs-se a falar sobre pombos com todo o fervor de um entusiasta. Quando procurei interrompê-lo, ele estava falando algo dos quarenta livros sobre pombos que tinha lido. Sua palestra foi uma das mais interessantes que já ouvi.

Eis aqui outra sugestão: aprenda cada vez mais sobre aquilo que você considera hoje um excelente tópico. Quanto mais você conhecer a respeito de uma determinada coisa, mais sincero e mais entusiasmado você se tornará. Percy H. Whiting, autor de *Five Great Rules of Selling*, aconselha os vendedores a manterem-se sempre procurando conhecer melhor o produto que estão vendendo. De acordo com o Sr. Whiting, "quanto mais conhecemos a respeito de um bom produto, mais entusiasmados a seu respeito nos tornaremos".

2. RECORDE SUA EXPERIÊNCIA COM O TEMA

Suponha que você está contando a seus ouvintes a respeito do policial que o fez parar por estar dirigindo a uma velocidade pouco superior à permitida. Você poderá falar-nos sobre isso com o mesmo desinteresse frio de um observador casual, mas o fato aconteceu com você, que expressou como se sentiu em linguagem muito precisa. A descrição, por uma terceira pessoa, não causaria muita impressão no público. O que o público quer é saber exatamente como você se sentiu quando o policial destacou o talão de multa. Assim, quanto mais você procurar reviver a cena que está descrevendo ou recriar as emoções que sentiu naquele momento, mais vívida será sua fala.

Uma das razões pelas quais vamos a cinemas e a teatros é que desejamos ver e ouvir emoções expressas. Tornamo-nos tão temerosos de expressar nossos sentimentos em público que temos de assistir a um filme ou a uma peça para satisfazermos essa necessidade de expressão emocional.

Assim, quando você falar em público, gerará excitação e interesse no que está dizendo na mesma medida em que põe entusiasmo em suas palavras. Não reprima os seus sentimentos sinceros; não represe o seu entusiasmo autêntico. Mostre aos seus ouvintes quão ansioso está para falar sobre o seu assunto e prenda a atenção de seu público.

3. AJA COM SINCERIDADE

Quando você se encaminhar para falar em público, faça-o com ar de satisfação e não com o de um homem em direção à guilhotina. O seu andar confiante pode ser uma farsa, mas dará ao público o sentimento de que você tem algo sobre o qual está ansioso por falar. Antes de começar, respire profundamente. Mantenha-se afastado de móveis e da tribuna do orador. Conserve a cabeça erguida, com o queixo para cima. Você está prestes a dizer aos ouvintes algo digno de ser ouvido, e todas as partes do seu corpo devem estar anunciando tal fato de modo inconfundível e claro. Você está no comando e, como diria William James, aja como se estivesse de fato no comando. Se fizer um esforço para que sua voz chegue ao fundo da sala, o som o tranquilizará. Se você começar a fazer gestos de algum tipo, eles o estimularão.

Esse princípio de "aquecimento de nossa reatividade", como o descrevem Donald e Eleanor Laird, pode ser aplicado a todas as situações que exigem alerta mental. Em seu livro *Techniques for Efficient Remembering*, os Laird citam o presidente Theodore Roosevelt como um homem que "atravessou a vida com jogo de cintura, vigor, ousadia e entusiasmo, que se tornaram sua marca registrada. Mostrava-se ardentemente interessado, ou efetivamente fingia estar, em tudo com que se deparava". Teddy Roosevelt era um expoente vivo da filosofia de William James: "Aja com sinceridade e você se tornará naturalmente sincero em tudo o que faz."

Acima de tudo, lembre-se disto: agindo com sinceridade, você se sentirá sincero.

CAPÍTULO 6

Compartilhando sua fala com o público

A famosa palestra de Russel Conwell, *Acres of Diamonds*, foi pronunciada cerca de seis mil vezes. Supõe-se que uma palestra repetida tantas vezes se entranharia tanto no cérebro do conferencista que palavra ou tom algum variariam ao serem proferidas. Esse não foi o caso. O Dr. Conwell sabia que os públicos diferem. Ele reconhecia que tinha de fazer cada ouvinte sentir que sua fala tratava de algo pessoal e que dizia respeito àquele público, e somente a ele. Como conseguia Conwell obter êxito em manter viva essa interrelação entre orador, fala e público, de um compromisso para outro? "Quando visito uma cidade, grande ou pequena", escreveu ele, "procuro chegar lá suficientemente cedo para me encontrar com o chefe dos Correios, com o barbeiro, com o gerente do hotel, com diretores de colégios, alguns sacerdotes e então vou às lojas falar com as pessoas a fim de saber o que existe em sua história e que oportunidades existem ali. Só então faço minhas palestras, falando com os ouvintes sobre assuntos que se aplicam a eles localmente."

O Dr. Conwell estava perfeitamente a par de que a comunicação bem-sucedida depende de quanto o orador pode fazer com que suas palavras sejam uma parte de seus ouvintes e estes uma parte de suas palavras. Aí está por que não poderia haver uma cópia legítima de *Acres of Diamonds*, uma das palestras mais populares já proferidas de uma tribuna. Com sua compreensão lúcida da natureza humana e seu laborioso esforço, o Dr. Conwell não proferiu uma mesma palestra duas vezes, embora tenha discursado perante cerca de seis mil auditórios sobre o mesmo assunto. Você poderá beneficiar-se desse exemplo assegurando-se de que suas palavras sejam sempre preparadas tendo em mente o seu público. A seguir, apresentaremos algumas orientações que o ajudarão a estabelecer um relacionamento íntimo com os seus ouvintes.

1. FALE TENDO EM VISTA OS INTERESSES DE SEUS OUVINTES

Era exatamente assim que agia o Dr. Conwell. Ele fazia questão de intercalar em sua palestra inúmeros exemplos e alusões locais. Seus ouvintes mostravam-se atentos porque suas palavras diziam respeito a seus interesses e a seus problemas. Esse elo com aquilo que mais interessa aos seus ouvintes, isto é, com eles mesmos, assegurará sua atenção e garantirá que as vias de comunicação se mantenham abertas. Eric Johnson, ex-presidente da Câmara de Comércio dos Estados Unidos e atual presidente da Associação de Filmes Cinematográficos, usa essa técnica em quase todas as palestras que profere. Observem quão engenhosamente ele lançou mão dos interesses locais no início de um discurso na Universidade de Oklahoma:

> "Vocês, de Oklahoma, conhecem os contadores de boatos de arrepiar os cabelos. Não lhes será preciso recuar muito no tempo para lembrarem-se de que eles estavam riscando Oklahoma do mapa, como um caso para sempre perdido.
> De fato, na década de 30, corvos desesperados aconselhavam os urubus a que contornassem Oklahoma, a não ser que pudessem levar consigo o próprio alimento.

Para eles, Oklahoma estava destinada a ser para sempre um novo deserto americano. Nada tornaria a florescer — diziam. No entanto, na década seguinte, a de 40, Oklahoma era como um jardim — e também a atração mais popular. De fato, mais uma vez, havia 'os trigais ondulantes, de cheiro adocicado, quando perpassados pelo vento após as chuvas'.

Em uma curta década, todo aquele deserto foi revestido de talos de milho, tão altos como os olhos de um elefante.

Jazia ali o fruto da fé... e do risco calculado...

No entanto, sempre é possível olhar nossa própria época em melhor perspectiva contra o cenário do passado.

Por isso, fui procurar nas páginas do *Daily Oklahoma* o que havia sobre a primavera de 1901, ao me preparar para esta minha visita. Queria ter uma amostra do sabor da vida aqui cinquenta anos atrás.

E o que descobri?

Havia grande expectativa sobre o futuro de Oklahoma. A esperança imperava."

Eis aí um excelente exemplo de como falar em termos de interesse do público. Eric Johnson citou exemplos calculados tirados de áreas de domínio dos próprios ouvintes. Fê-los sentir que suas palavras não eram uma cópia mimeografada — eram algo renovado para eles. Público algum pode desviar sua atenção de um orador que fale sobre os seus interesses.

Pergunte a si mesmo como o seu assunto ajudará a resolver os problemas dos seus ouvintes e os fará alcançar seus objetivos. Em seguida, mostre-lhes que está agindo dessa maneira e obterá sua completa atenção. Se você for um contador e começar sua fala dizendo algo como "Vou mostrar-lhes como economizar de cinquenta a cem dólares em seu imposto de renda" ou se for advogado e disser a seus ouvintes como se faz um testamento, por certo atrairá a atenção de seu público. Com toda a certeza, existe algum tópico em seu arquivo especial de conhecimentos que pode ser de real auxílio para os seus ouvintes.

Quando perguntaram a Lorde Northcliffe o que interessa às pessoas, o William Randolph Hearst do jornalismo britânico respondeu: "Elas mesmas." Com essa simples verdade ele construiu um império jornalístico.

Em *Mind in the Making,* James Harvey Robinson descreve o devaneio como "o tipo espontâneo e favorito de raciocínio". Ele diz que, no devaneio, permitimos que as ideias sigam o seu próprio curso, que é determinado por nossas esperanças e temores, nosso desejo espontâneo, sua realização ou frustração; pelo que gostamos e pelo que não gostamos, por nossos amores, nossos ódios e nossos ressentimentos. Não há nada tão interessante para nós como nós mesmos.

Harold Dwight, da Filadélfia, pronunciou um discurso extraordinariamente bem-sucedido em um banquete de abertura da sessão final do nosso curso. Ele falou sobre cada uma das pessoas que se encontravam em torno da mesa, recordou como falava quando o curso começou e como melhorara; relembrou as palestras feitas por diferentes membros e os assuntos que haviam abordado, imitou os gestos de alguns deles, exagerando suas peculiaridades e fazendo com que todos rissem e ficassem contentes. Com tal abordagem, teria sido difícil falhar. Era o tópico ideal. Nenhum outro, sob a cúpula azul do céu, teria sido de tanto interesse para aquele grupo. O Sr. Dwight sabia lidar com a natureza humana.

Há algum tempo escrevi uma série de artigos para o *American Magazine* e tive a oportunidade de conversar com John Siddall, que, então, era o encarregado do Departamento de Pessoas Interessantes.

"As pessoas são egoístas", observou ele. "Interessam-se, principalmente, por si próprias. Para elas não interessa muito se o governo deve ser o proprietário das linhas de trem; o que desejam saber é como progredir, como ganhar mais dinheiro, como conservar a saúde. Se eu fosse o editor dessa revista", prosseguiu ele, "eu lhes diria como cuidar dos dentes, como tomar banho, como não sentir calor no verão, como obter um emprego, como lidar com empregados, como adquirir um imóvel, como lembrar-se das coisas, como evitar erros gramaticais e assim por diante. As pessoas têm tanta atração por casos de interesse humano que eu faria com que algum milionário falasse sobre como conseguiu um milhão de dólares investindo em terrenos. Eu faria com que preeminentes banqueiros e presidentes de corporações relatassem como conseguiram abrir caminho desde o primeiro degrau até o poder e a riqueza."

Pouco depois disso, Siddall passou a editor. A revista à época tinha uma circulação pequena. Siddall fez exatamente o que dissera que faria. A resposta? Esmagadora. Os números relativos à circulação se elevaram a duzentos mil, trezentos, quatrocentos, meio milhão. Ali estava algo que o público desejava. Em pouco tempo, um milhão de pessoas estava comprando aquela revista mensalmente; depois, um milhão e meio e, finalmente, dois milhões. Esse número não parou por aí, continuando a subir durante anos. Siddall recorria aos interesses dos próprios leitores.

Da próxima vez em que se defrontar com um público, visualize-o como desejoso de ouvi-lo — contanto que o que disser se aplique a ele. Os oradores que falham em levar em conta esse egocentrismo essencial de seus ouvintes provavelmente enfrentarão um público inquieto, remexendo-se nas cadeiras, consultando os relógios e olhando esperançosamente na direção das portas de saída.

2. FAÇA ELOGIOS SINCEROS E HONESTOS

O público é composto de indivíduos e reagem como indivíduos. Se você criticar uma plateia abertamente, ela se ressentirá com isso. Reconheça algo que seus ouvintes tenham feito e que seja digno de elogios, e você obterá um passaporte para os seus corações. Isso, muitas vezes, exige um pouco de pesquisa de sua parte. Frases fastidiosas, como "esta é a plateia mais inteligente a que já me dirigi", são rejeitadas como lisonjas vazias pela maior parte dos ouvintes.

Segundo as palavras de um grande orador, Chauncey M. Depew, é necessário dizer aos seus ouvintes "algo que, na opinião deles, você, possivelmente, não poderia saber". Por exemplo, um homem que discursou certa vez numa reunião do Clube Kiwanis de Baltimore não pôde encontrar nada de especial nesse clube a não ser o fato de que entre os seus membros se encontravam um ex-presidente internacional e um curador de bens internacional. Isso não era novidade para os sócios do clube. Assim, ele procurou olhar aquele fato sob uma nova perspectiva. Iniciou suas palavras com a frase: "O Kiwanis de Baltimore é um clube em 101.898." Os sócios do clube ficaram atentos. Esse orador estava certamente errado — pois havia apenas 2.897 clubes Kiwanis no mundo. O orador prosseguiu:

> "Sim, embora não acreditem, o fato é que o seu clube, pelo menos matematicamente, é um entre 101.898. Não entre 100.000 ou entre 200.000, mas exatamente um entre 101.898.
>
> Como sei disso? O Kiwanis Internacional abrange apenas 2.897 clubes. Bem, o Clube de Baltimore possui entre os seus membros um ex-presidente internacional e um curador de bens internacional. Matematicamente as chances de que algum clube Kiwanis tenha simultaneamente um ex-presidente internacional e um curador de bens internacional são de um entre 101.898 — e a razão pela qual sei dessa probabilidade é que pedi a um professor de matemática da Universidade Johns Hopkins que fizesse o cálculo para mim."

Seja cem por cento sincero, nada menos. Uma declaração insincera pode, ocasionalmente, enganar um indivíduo, mas jamais enganará a plateia inteira. "Este inteligentíssimo auditório..." "Esta excepcional reunião de beleza e de cavalheirismo de Ho-Hokus, Nova Jersey..." "Sinto-me feliz por estar aqui, pois amo cada um de vocês..." Não, não, não! Se você não é capaz de fazer um elogio sincero, não faça elogio algum.

3. IDENTIFIQUE-SE COM O SEU PÚBLICO

Tão cedo quanto possível, de preferência nas primeiras palavras que pronunciar, indique alguma relação direta com o grupo ao qual se dirige. Caso se sinta honrado quando solicitado a falar, diga-o. Quando Harold Macmillan proferiu um discurso perante uma turma que se graduava na Universidade de De Pauw, em Greencastle, Indiana, ele conquistou a atenção de todos logo com sua primeira frase.

"Estou muito agradecido com suas honrosas palavras de boas-vindas", disse ele: "Para um primeiro-ministro da Grã-Bretanha, ser convidado por esta grande universidade é algo fora do comum. Creio, no entanto, que meu atual ofício não foi a única nem, talvez, a principal razão para o seu convite."

O Sr. Macmillan mencionou, em seguida, que sua mãe era americana, nascida em Indiana, e que o pai dela fora um dos primeiros graduados da Universidade de De Pauw.

"Posso assegurar-lhes que me orgulho de estar associado com a Universidade de De Pauw", garantiu ele, "e de renovar uma velha tradição de família."

Você pode estar certo de que a referência de Macmillan ao passado acadêmico de seu avô e ao estilo de vida americano de sua mãe e de seu pioneiro pai fez com que, desde logo, conquistasse amigos.

Outra forma de chamar atenção é usar o nome de pessoas que estão na plateia.

Uma vez, sentei-me ao lado do orador principal durante um banquete e fiquei admirado com sua curiosidade quanto a várias pessoas que estavam no salão. Durante toda a refeição, ele perguntou ao mestre de cerimônias quem era aquela pessoa de traje azul-marinho em uma das mesas ou qual era o nome da senhora de chapéu enfeitado com flores. Quando o orador começou a falar, tornou-se evidente, de imediato, o porquê das perguntas. Ele habilidosamente entremeou em sua oração os nomes que aprendera, e eu pude notar o evidente prazer que se manifestou no rosto das pessoas que tiveram os nomes citados. Senti o calor amistoso que essa simples técnica suscitou na plateia com relação ao orador.

Observe como Frank Pace Jr., falando como presidente da General Dynamics Corporation, utilizou-se de alguns nomes a seu favor. Ele estava falando em um jantar anual de uma organização chamada Religião na Vida Americana, em Nova York.

"Para mim esta noite foi deliciosa e significativa sob muitos aspectos", afirmou ele. "Em primeiro lugar, por ter o meu próprio sacerdote, o reverendo Robert Apleyard, aqui na plateia. Por suas palavras, suas ações e sua liderança, ele tem sido uma inspiração para mim, pessoalmente, para minha família e para toda a nossa congregação... Em segundo lugar, sentar-me entre Lewis Strauss e Bob Stevens, homens cujo interesse pela religião tem sido ampliado pelo seu interesse no serviço público... é, também, motivo de grande satisfação pessoal."

Uma palavra de cautela: se você vai intercalar em sua fala nomes estranhos que aprendeu através de perguntas feitas para a ocasião, assegure-se de que é capaz de pronunciá-los da forma exatamente correta; assegure-se de ter compreendido plenamente a razão pela qual está empregando os nomes; tenha o cuidado de mencioná-los de modo favorável e de empregá-los com moderação.

Outro método para obter da plateia o máximo de atenção é falar diretamente com seus ouvintes utilizando-se dos pronomes de tratamento adequados (vocês, os senhores etc.), a depender do grau de formalidade que a ocasião demanda. Dessa forma, você conseguirá manter a plateia em um estado de semiconsciência, o que, como ressaltei anteriormente, não pode ser desprezado pelo orador que desejar manter o interesse e a atenção de seus ouvintes. Eis alguns trechos de uma palestra sobre "Ácido Sulfúrico", feita por um de nossos alunos de uma turma de Nova York:

> "O ácido sulfúrico faz parte da vida de vocês em muitos momentos. Se não fosse o ácido sulfúrico, os seus carros parariam, pois esse ácido é usado extensamente no refino do querosene e da gasolina.

As lâmpadas elétricas que iluminam os seus escritórios e as suas casas não funcionariam sem o ácido sulfúrico.

Quando vocês abrem o chuveiro para tomar banho, mexem em uma torneira recoberta por uma camada de níquel, cuja produção requer ácido sulfúrico. O sabão que vocês usam foi, possivelmente, feito com graxas e óleos tratados pelo ácido sulfúrico. As cerdas de sua escova de dentes e o seu pente de celuloide não poderiam, sem ele, ter sido fabricados. Suas lâminas de barbear, sem dúvida, foram banhadas no ácido depois de temperadas.

Vocês vão fazer sua primeira refeição. Tanto a xícara como os demais objetos de louça, se não forem inteiramente brancos, não poderiam existir sem o ácido sulfúrico. Sua colher, seu garfo e sua faca já estiveram imersos em um banho de ácido sulfúrico caso sejam prateados. E desse modo o ácido sulfúrico afeta a vida de cada um de vocês a todo momento. Aonde quer que vocês vão, não poderão escapar de sua influência."

Utilizando-se habilmente do pronome de tratamento "você" e inserindo seus ouvintes na fala, esse orador foi capaz de manter uma atenção vívida e brilhante. Há ocasiões, no entanto, em que o uso desse pronome é perigoso, quando pode provocar afastamento entre o orador e o público, em vez de estabelecer uma ponte. Isso ocorre quando o que temos a falar pode confundir-se com um sermão ou lição de moral. Nessas circunstâncias, será melhor empregar o pronome "nós", em vez de "você".

O Dr. W. W. Bauer, diretor de Educação Sanitária da Associação Médica Americana, usava com frequência essa técnica em seus programas de rádio e de televisão. "Todos nós queremos saber como escolher um bom médico, não é verdade?", observou ele em uma de suas palestras. "Bem, se queremos conseguir de nossos médicos o melhor serviço, será que não queremos saber também como ser bons pacientes?"

4. FAÇA COM QUE O PÚBLICO PARTICIPE DA SUA FALA

Já lhe ocorreu que você pode conservar uma plateia presa a cada uma de suas palavras pelo emprego de um pouco de teatralidade? No momento em que escolher algum membro da plateia para ajudá-lo a demonstrar um ponto ou a dramatizar uma ideia, você será recompensado por um notável aumento da atenção. Como ouvinte, a plateia se vê subitamente interessada no que acontece quando alguém de seu próprio grupo é levado a tomar parte no ato pelo orador. Se houver um muro entre quem ocupa a tribuna e a plateia, como muitos oradores dizem, utilizar-se da participação dos ouvintes contribuirá para derrubar esse muro. Lembro-me de um orador que estava explicando a distância necessária para um carro parar depois que os freios tivessem sido acionados. Ele pediu a um dos ouvintes, da primeira fileira, que se pusesse de pé e o ajudasse a demonstrar como essa distância varia com a velocidade do carro. O homem pegou a extremidade de uma fita métrica e a levou, pelo caminho entre as fileiras de poltronas, até uma distância de cerca de quinze metros, onde parou a pedido do orador. Enquanto eu observava esse procedimento, não pude deixar de notar como toda a plateia se tornou interessada no orador. Disse para mim mesmo que a fita métrica, além de ser uma ilustração gráfica do ponto que o orador queria ressaltar, era também, certamente, uma via de comunicação entre o orador e a plateia. Sem aquele toque de teatralidade, os ouvintes poderiam ainda estar pensando no que comeriam no jantar ou a qual programa de televisão assistiriam aquela noite.

Um dos meus métodos favoritos de conseguir a participação do público é simplesmente fazer perguntas e obter respostas. Gosto de ter o público de pé, repetindo uma frase comigo ou respondendo às minhas perguntas levantando as mãos. Percy H. Whiting, cujo livro *How to Put Humor in Your Speaking and Writing* contém alguns valiosos conselhos sobre participação do público, sugere que você faça com que os seus ouvintes votem sobre algum assunto ou os convide a ajudá-lo a resolver algum problema. "Coloque-se no estado de espírito adequado", diz o Sr. Whiting, "um estado de espírito que reconheça que um discurso é diferente de uma recitação — que ele se destina a obter uma reação do público — e faça com que o público participe do seu empreendimento." Gosto dessa concepção do público como "participante do empreendimento". Essa é a chave de todo este capítulo. Se você promover a participação do público, estabelecerá uma parceria com seus ouvintes.

5. SEJA MODESTO

É claro que nada poderá tomar o lugar da sinceridade nesta relação entre orador e público. Norman Vincent Peale, uma vez, deu um conselho muito útil a um companheiro, um sacerdote que estava encontrando bastante dificuldade em manter os ouvintes atentos aos seus sermões. Peale pediu a esse sacerdote que avaliasse como se sentia com relação à congregação a que ele se dirigia todos os domingos pela manhã — gostava dela, desejava ajudá-la, considerava-a intelectualmente inferior? Disse o Dr. Peale que ele jamais subira a uma tribuna sem sentir forte dose de afeição pelos homens e mulheres com quem se defrontaria. O público é rápido em avaliar o orador que se presume superior em sua capacidade mental ou em sua posição social. Na verdade, uma das melhores maneiras de um orador se tornar querido por um público é apresentar-se com modéstia.

Edmundo S. Muskie, na época senador pelo Maine, demonstrou tal ponto quando falou, em Boston, perante a Associação Forense Americana.

> "Enfrento minha tarefa esta manhã com muitas dúvidas. Em primeiro lugar, tenho consciência das qualificações profissionais dos senhores e me questiono se é prudente que eu exponha meus pobres talentos à sua opinião crítica. Em segundo lugar, esta é uma reu-

nião matinal — uma ocasião do dia em que é quase impossível a alguém defender-se efetivamente e, para um político, falhar a esse respeito pode ser fatal. Finalmente, há o meu tema — a influência que o debate tem tido em minha carreira como servidor público. Enquanto eu me mantiver ativo politicamente, é provável que haja uma divisão distinta de opiniões entre meus constituintes quanto a essa influência ter sido boa ou má.

Defrontando-me com essas dúvidas, senti-me exatamente como deve se sentir um mosquito ao se deparar com uma colônia de nudistas, inesperadamente. Não sei por onde começar."

O senador Muskie, depois deste introito, proferiu um ótimo discurso.

Adlai E. Stevenson mostrou-se humilde em suas primeiras palavras de uma oração de colação de grau na Universidade Estadual de Michigan. Disse ele:

"O meu sentimento de inadequabilidade nestas ocasiões faz com que me lembre da observação de Samuel Butler quando, certa vez, lhe pediram para falar sobre como tirar o máximo da vida. Creio que sua resposta foi: 'Não sei nem como tirar o máximo dos próximos quinze minutos.' É assim que me sinto com relação aos próximos vinte minutos."

A maneira mais segura de se incompatibilizar com o público é indicar que você se considera em nível superior ao dele. Quando você fala, é como se estivesse em uma vitrine onde todas as facetas de sua personalidade ficam expostas. É fatal o mais leve indício de arrogância. Por outro lado, a modéstia inspira confiança e boa vontade. Você pode ser modesto sem se rebaixar. O seu público gostará de você e o respeitará por pontuar as próprias limitações, desde que você se mostre determinado a fazer o melhor que puder.

O mundo da televisão americana é um mundo exigente, e a cada ano os apresentadores caem sob os fogos fulminantes da competição. Um dos sobreviventes, que volta ano após ano, é Ed Sullivan, um redator que entrou de paraquedas nesse ramo ferozmente competitivo e sobrevive porque não presume ser algo mais do que um amador. Alguns de seus trejeitos perante as câmaras poderiam ser prejudiciais a qualquer outro que dispusesse de menos charme. Ele aninha o queixo nas mãos, joga os ombros para trás, ajeita constantemente a gravata, tropeça nas palavras. Essas falhas, porém, não são fatais para Ed Sullivan. Ele não se ressente com as pessoas que criticam esses defeitos. Em vez disso, ocasionalmente, ele contrata os serviços de alguém com talentos suficientes em mímica para caricaturá-lo com perfeição, exagerando todas as suas falhas. Ed Sullivan ri tão naturalmente como qualquer outra pessoa quando esse artista imita os seus defeitos. Ele recebe bem as críticas e os seus ouvintes o adoram por causa disso. Os ouvintes gostam de humildade, mas se ressentem com a ostentação, com a pretensão.

Henry e Dana Lee Thomas, em seu livro *Living Biographies of Religious Leaders*, assim se referiram a Confúcio: "Ele nunca procurou maravilhar ninguém com o seu conhecimento ímpar. Procurava unicamente esclarecer as pessoas com sua total simpatia." Se dispusermos dessa completa simpatia, conquistaremos as chaves que abrem a porta do coração dos ouvintes.

RECAPITULAÇÃO DA SEGUNDA PARTE

Discurso, orador e público

Capítulo 4. Conquistando o direito de falar

1. Limite o seu assunto
2. Desenvolva energia de reserva
3. Intercale o que você diz com ilustrações e exemplos
    — Humanize sua fala
    — Personalize sua fala pelo emprego de nomes
    — Seja específico: Enriqueça sua fala com detalhes
    — Dramatize sua fala ao empregar o diálogo
    — Demonstre visualmente aquilo que você fala
4. Use palavras concretas e familiares que criem imagens

Capítulo 5. Vitalizando sua fala

1. Escolha assuntos que você encare com seriedade
2. Recorde sua experiência com o tema
3. Aja com sinceridade

Capítulo 6. Compartilhando sua fala com o público

1. Fale tendo em vista os interesses de seus ouvintes
2. Faça elogios sinceros e honestos
3. Identifique-se com o seu público
4. Faça com que o público participe da sua fala
5. Seja modesto

TERCEIRA PARTE

O objetivo das falas preparadas e de improviso

Passaremos agora a desenvolver dois métodos aceitáveis de falar em público — o preparado e o improvisado.

Três capítulos são devotados às falas destinadas a persuadir, informar e convencer, preparadas antecipadamente.

Um dos capítulos aborda as palavras de improviso, que podem ser persuasivas, informativas ou de entretenimento, de acordo com as exigências do momento.

O sucesso no emprego de qualquer desses métodos estará completamente assegurado se o orador formular claramente em sua mente o objetivo geral de sua fala.

CAPÍTULO 7

Pronunciamentos curtos para conduzir à ação

Um famoso bispo inglês, durante a Primeira Guerra Mundial, falou às tropas em Camp Upton. Essas tropas estavam em deslocamento para as trincheiras, e somente uma pequena porcentagem de homens tinha ideia adequada do motivo pelo qual estavam sendo despachados. Sei porque perguntei a eles. Ainda assim, o bispo lhes falou sobre "Amizade internacional" e sobre "O direito da Sérvia de ter um lugar ao sol". Ora, metade desses homens nem sabia se Sérvia era uma cidade ou uma doença. Ele poderia, da mesma forma, ter feito outra dissertação qualquer sobre a teoria nebular. No entanto, nenhum dos homens abandonou a sala enquanto ele falava — a polícia militar tinha se posicionado em todas as saídas, a fim de impossibilitar a fuga.

Não desejo depreciar o bispo. Era a erudição em pessoa. Perante uma reunião de homens da Igreja teria, provavelmente, sido eficaz. Com aqueles soldados, porém, ele falhou completamente. Por quê? Porque, evidentemente, desconhecia o objetivo exato de sua fala e como proferi-la.

O que queremos dizer com o objetivo ou finalidade de uma fala? Apenas isto: todas as falas, quer o orador perceba ou não, têm um destes quatro principais objetivos:

1. Persuadir ou conduzir à ação;
2. Informar;
3. Impressionar e convencer;
4. Entreter.

Vamos ilustrar esses objetivos por meio de uma série de exemplos concretos nos pronunciamentos da carreira de Abraham Lincoln.

Poucas pessoas sabem que Lincoln inventou e patenteou um aparelho para salvar barcos encalhados em bancos de areia e em outras obstruções. Em uma oficina mecânica próxima de seu escritório, Lincoln trabalhou na confecção de um modelo de seu aparelho. Quando amigos apareciam no escritório a fim de verem o modelo, ele não media esforços para explicá-lo. O principal objetivo dessas explicações era informar.

Ao pronunciar sua imortal oração em Gettysburg, ao proferir seu primeiro e seu segundo discursos de posse, quando Henry Clay morreu e Lincoln fez um discurso em homenagem à sua vida — em todas essas ocasiões, o principal objetivo de Lincoln foi impressionar e convencer.

Em suas falas nos tribunais, Lincoln procurava obter decisões favoráveis. Em seus pronunciamentos políticos, tentava conseguir votos. Sua finalidade era, então, conduzir à ação.

Dois anos antes de ser eleito presidente, Lincoln preparou uma palestra sobre invenções. Seu objetivo era entreter. Ou, pelo menos, deveria ter sido; evidentemente, porém, não obteve êxito em consegui-lo. Sua carreira como conferencista popular foi, de fato, um claro desapontamento. Em uma cidade, nenhuma pessoa foi ouvi-lo.

No entanto, ele obteve sucesso notável em outros pronunciamentos, alguns dos quais se tornaram clássicos da expressão oral humana. Por quê? Em grande parte, nessas ocasiões, ele sabia qual era o seu objetivo e como atingi-lo.

Ao deixar de alinhar seus objetivos com os objetivos da ocasião em que são convidados a falar, os oradores, com frequência, se atrapalham e se veem em apuros.

Por exemplo: um congressista dos Estados Unidos foi vaiado e forçado a sair da arquibancada do Hipódromo de Nova York porque — inconscientemente, sem dúvida, mas, não obstante, desavisadamente — havia preferido fazer um pronunciamento informativo. A multidão não estava disposta a receber aulas. O que o público queria era divertir-se. Ouviram-no paciente e educadamente, durante dez minutos, um quarto de hora, esperando que o ato chegasse a um final logo. Mas não chegou. Ele divagava aqui e ali; a paciência esgotou-se; a plateia não aguentava mais. Alguém se pôs a aplaudir, ironicamente. Outros o acompanharam. Em um momento, milhares de pessoas assobiavam e gritavam. O orador, pouco sensível e incapaz, como se mostrara, de atender o interesse do público, teve o mau gosto de continuar. Com isso a multidão se amotinou. A batalha estava travada. A impaciência dos ouvintes beirou a ira. Decidiram silenciá-lo. A torrente de protestos se tornou cada vez mais alta. Finalmente, a algazarra da multidão e sua raiva afogaram as palavras do orador, que não podia ser ouvido a uma distância de cinco metros. Assim, ele foi obrigado a desistir, tomando conhecimento da derrota, e se retirou humilhado.

Tire proveito desse exemplo. Ajuste a finalidade de suas palavras ao público e à ocasião. Se o congressista tivesse procurado, antecipadamente, verificar se a sua finalidade de informar a plateia estaria de acordo com a finalidade de seus ouvintes ao comparecerem à reunião política, ele não se teria defrontado com o desastre. Escolha um dos quatro objetivos somente depois de analisar o público e o motivo que o reuniu.

Para orientar você na importante área de elaboração da fala, todo este capítulo é dedicado ao pronunciamento curto para conduzir à ação. Os três capítulos seguintes serão devotados às outras importantes finalidades dos discursos: informar, impressionar e convencer, e entreter. Cada finalidade exige uma diferente linha organizacional de tratamento, cada uma delas tem seus próprios obstáculos, que devem ser ultrapassados. Em primeiro lugar, dediquemo-nos às linhas básicas da organização de nossos pronunciamentos destinados a conduzir o público à ação.

Haverá alguma fórmula mágica para falar de modo a garantir uma resposta positiva àquilo que pedimos ao público? Ou isso é apenas uma questão de sorte?

Lembro-me de ter discutido esse assunto com os meus colegas há muito tempo, na década de 30, quando os meus cursos estavam começando a se difundir por todo o país. Devido ao volume de nossos grupos, estávamos limitando em dois minutos o tempo para os pronunciamentos dos membros de uma turma. Essa limitação não afetava a fala quando o objetivo do orador era tão somente entreter ou informar. No entanto, quando ele pretendia conduzir à ação, a coisa era inteiramente diferente. A fala para conduzir à ação nem mesmo sai do chão quando nos aferramos ao velho método de introdução, contexto e conclusão — a linha organizacional seguida pelos oradores desde os tempos de Aristóteles. Algo novo e diferente tornava-se obviamente necessário para nos proporcionar um método seguro de obter resultados em um pronunciamento de dois minutos, destinado a conduzir os ouvintes à ação.

Realizamos reuniões em Chicago, Los Angeles e Nova York. Apelamos para todos os nossos instrutores, muitos deles integrantes dos departamentos de oratória de algumas de nossas mais respeitadas universidades. Outros eram homens que ocupavam postos-chave da administração de negócios. Alguns pertenciam ao campo da publicidade e da propaganda, já então em rápida expansão. Desse amálgama de experiência e de cérebros, esperávamos conseguir uma nova abordagem à organização do discurso, que fosse concisa e ao mesmo tempo refletisse a necessidade de nossa época quanto a um método lógico e psicológico para influenciar os ouvintes, levando-os a agir.

Não nos desapontamos. Dessas discussões, surgiu a Fórmula Mágica para a elaboração da fala. Começamos a usá-la em nossos cursos e até hoje ainda a empregamos. Qual é essa Fórmula Mágica? Simplesmente isto: comece o seu pronunciamento dando-nos detalhes com um exemplo, um incidente que ilustre graficamente a ideia que você deseja passar. Em segundo lugar, com expressões claras e concisas, apresente o seu Objetivo, dizendo exatamente o que você deseja que o público faça; em terceiro lugar, apresente sua Razão, isto é, esclareça as vantagens ou benefícios a serem obtidos pelo ouvinte se fizer aquilo que você lhe pediu que faça.

Essa é uma fórmula altamente ajustada ao nosso apressado estilo de vida atual. Os oradores já não se podem permitir divagações em introduções longas e enfadonhas. Os auditórios se compõem de pessoas ocupadas, que desejam ouvir o orador falar em linguagem direta, seja o que for que tenha a dizer. Elas estão acostumadas ao jornalismo digerido e preparado, que apresenta os fatos objetivamente desde o início. Estão expostas a propaganda vibrantes, com mensagens claras e convincentes, em outdoors, na internet, na televisão e nas páginas dos jornais e revistas. Todas as palavras são calculadas e nada se perde. Empregando essa Fórmula Mágica, você poderá ter a certeza de atrair a atenção e concentrá-la sobre o ponto principal de sua mensagem. Essa fórmula alerta contra a indulgência em insípidas observações iniciais, como: "Não tive tempo de preparar muito bem estas palavras", ou, "Quando o seu presidente me convidou para falar sobre este assunto, indaguei-me por que ele teria me escolhido." *Os ouvintes não estão interessados em desculpas, reais ou imaginárias.* O que eles querem é ação. De acordo com a Fórmula Mágica, você lhes apresenta ação desde as palavras iniciais.

A fórmula é ideal para pronunciamentos curtos, pois se baseia numa certa dose de *suspense*. O ouvinte é apanhado na história que você está contando, mas não se apercebe de qual é a finalidade de sua fala senão próximo do final do período de dois ou três minutos. Nos casos em que são feitas solicitações ao público, isso é quase imprescindível para obter-se êxito. Nenhum orador desejoso de que o seu público contribua a favor de alguma causa, qualquer que seja a importância desta, irá muito longe se começar da seguinte maneira: "Senhoras e senhores, estou aqui para pedir cinco dólares a cada um dos presentes." Haveria uma correria em direção às portas de saída. No entanto, se o orador descrever sua visita a um hospital infantil, onde verificou um caso de pungente necessidade, uma criancinha que precisa de dinheiro para se submeter a uma operação em um hospital distante, e então solicitar contribuições, as *chances* de obter o apoio de seus ouvintes seriam muito maiores. É a história, o *Exemplo,* que prepara o caminho para a ação desejada.

Observe como o exemplo baseado em incidente é usado por Leland Stowe para predispor seus ouvintes a apoiarem o Apelo das Nações Unidas em Prol da Criança:

> "Rezo para que nunca tenha que passar por isso novamente. Haverá algo pior do que um grão de amendoim entre a vida e a morte de uma criança? Espero que os senhores jamais passem por isso e que jamais vivam com a lembrança desse fato. Se os senhores houvessem visto as vozes e os olhares daquelas crianças, naquele dia de janeiro, no bairro operário de Atenas, destruído pelas bombas... De qualquer modo, tudo o que me restara foi uma lata de amendoim, de meio quilo. Enquanto me esforçava para abri-la, dezenas de garotos esfarrapados me cercavam e me puxavam desvairadamente. Dúzias de mães, com filhos no colo, empurravam-se e lutavam para chegar ao alcance de meus braços. Erguiam seus bebês em minha direção. Mãos pequeninas em que pele e osso esticavam-se convulsivamente. Procurei fazer com que não se perdesse um único amendoim.
>
> Em sua aflição, quase me derrubaram. Nada, senão centenas de mãos: mãos que imploravam, mãos que apertavam, mãos desesperadas; todas elas mãos miseravelmente pequeninas. Um amendoim aqui, outro ali. Seis amendoins saltaram de minhas mãos, provocando uma confusão selvagem de corpos descarnados a meus pés. Outro amendoim aqui, mais um acolá. Centenas de mãos, estendidas e implorando; centenas de olhos, iluminados de esperanças. Ali permaneci, desanimado, tendo nas mãos uma lata azul vazia... Sim, espero que isso jamais aconteça a nenhum dos senhores."

A Fórmula Mágica pode também ser usada para escrever cartas comerciais e para dar instruções a empregados e subordinados. As mães podem empregá-la para motivar seus filhos, e as crianças a acharão útil ao recorrerem a seus pais à procura de um favor ou de uma concessão. Você verificará que se trata de uma ferramenta psicológica, que pode ser usada para fazer com que as suas ideias sejam aceitas por outras pessoas a cada dia de sua vida.

Até mesmo em propagandas a Fórmula Mágica é empregada diariamente. As pilhas Eveready lançaram uma série de comerciais, pelo rádio e pela televisão, baseados nessa fórmula. Como Exemplo, o locutor falava sobre a experiência de alguém que numa noite se viu preso em um carro que capotara. Após apresentar os detalhes gráficos do acidente, ele então convidava a vítima para terminar de contar a história, dizendo como o foco de sua lanterna, equipada com pilhas Eveready, trouxera, em tempo, o necessário auxílio. Em seguida, o locutor prosseguia, apresentando o Objetivo e a Razão: "Compre pilhas Eveready e você poderá sobreviver a uma experiência semelhante." Todos esses casos são experiências verdadeiras extraídas dos arquivos da Eveready Battery Company. Não sei quantas pilhas Eveready foram vendidas devido a esse anúncio, mas sei que a Fórmula Mágica é um método efetivo de apresentar aquilo que você deseja que o público faça ou evite. Vamos seguir estes passos um a um.

1. APRESENTE UM EXEMPLO PRÓPRIO, UM INCIDENTE DE SUA VIDA

Esta é a parte de sua fala que ocupará a maior porção do tempo. Nesta parte, você descreverá uma experiência que lhe ensinou alguma coisa. De acordo com os psicólogos, nós aprendemos de duas maneiras: uma, pela Lei do Exercício, em que uma série de incidentes similares leva a uma modificação de nossas linhas de comportamento; a segunda, pela Lei do Efeito, em que um *único* evento pode ser tão marcante a ponto de modificar nossa conduta. Todos nós já passamos por esse tipo de experiência fora do comum. Não há necessidade de que realizemos uma longa pesquisa desses incidentes, pois eles se encontram próximos à superfície de nossa memória. Nossa conduta, em grande parte, é guiada por essas experiências. Recordando vividamente tais incidentes, podemos usá-los como base para influenciar a conduta de outras pessoas. Podemos fazê-lo porque as pessoas respondem às palavras quase da mesma maneira com que respondem aos acontecimentos. No exemplo, que é parte de sua fala, então, você deve recriar um momento de sua experiência, de tal forma que ele tenha sobre o seu público como teve originalmente sobre você. Isso lhe dá a obrigação de esclarecer, intensificar e dramatizar suas experiências de modo a torná-las interessantes e convincentes para seus ouvintes. A seguir apresento algumas sugestões que o ajudarão a tornar esta etapa da sua fala — a apresentação do exemplo — clara, intensa e significativa.

MONTE O SEU EXEMPLO EM CIMA DE UMA ÚNICA EXPERIÊNCIA PESSOAL

Os exemplos baseados em incidentes são particularmente eficazes quando se baseiam em um único acontecimento que exerceu um impacto dramático em sua vida. Ele pode não ter durado mais do que uns poucos segundos, mas nesse curto período de tempo você aprendeu uma lição inesquecível. Certa vez, um homem de uma de nossas turmas contou uma experiência aterrorizante, quando tentou nadar do seu barco, que havia virado, até a praia. Estou certo de que os ouvintes gravaram em suas mentes que, em circunstâncias semelhantes, deveriam seguir o conselho de quem falava e ficar próximo ao barco emborcado até que chegasse auxílio. Lembro-me de outro exemplo em que a pessoa que falava descreveu uma experiência angustiante envolvendo uma criança e uma ceifadeira a motor que tombara. Esse incidente se gravou tão graficamente em minha cabeça que sempre fico alerta quando crianças brincam perto do meu cortador de grama elétrico. Muitos de nossos instrutores têm ficado tão impressionados com casos que ouvem em suas aulas que foram impelidos a agir a fim de evitar acidentes similares perto de suas casas. Um deles mantém um extintor de incêndios à mão em sua cozinha, por exemplo, devido a um caso que ouviu sobre um incêndio trágico que começou com um acidente de cozinha, tão nitidamente narrado pelo orador. Um outro rotulou todos os frascos que contêm substâncias venenosas e os colocou fora do alcance de seus filhos. Essa ação foi tomada graças a um caso que detalhava a experiência de uma mãe desesperada ao descobrir seu filho inconsciente no banheiro, tendo nas mãos um frasco de veneno.

Uma experiência pessoal que lhe ensinou uma lição de que você jamais se esquecerá é o primeiro requisito de uma fala persuasiva para conduzir à ação. Com esses tipos de incidentes, você poderá levar seu público a agir — se isso lhe aconteceu, raciocinam seus ouvintes, poderá acontecer-lhes também, e o melhor será ouvirem o seu conselho, fazendo aquilo que você lhes pede que façam.

COMECE SUA FALA COM UM DETALHE DE SEU EXEMPLO

Uma das razões para começar sua fala com a etapa do Exemplo é atrair imediatamente a atenção. Alguns oradores deixam de atrair a atenção com suas primeiras palavras porque, com demasiada frequência, essas palavras consistem apenas em observações já repetidas, chavões ou desculpas fragmentárias que não são do interesse do público. "Desacostumado como sou a falar em público" é particularmente desagradável, mas inúmeros outros métodos de lugares-comuns para iniciar uma fala são semelhantemente fracos para atrair a atenção. Entrar em detalhes sobre como você veio a escolher o seu tema, revelar aos ouvintes que você não se encontra muito bem preparado (eles descobrirão logo) ou anunciar o tema de sua palestra como quem apresenta o texto de um sermão são todos métodos que devem ser evitados na fala curta para induzir à ação.

Aprenda com os redatores dos jornais e revistas de alta tiragem: comece diretamente com o seu exemplo e, de imediato, você atrairá a atenção de seus ouvintes.

Eis algumas frases iniciais que atraíram minha atenção como um ímã: "Em 1942, eu me encontrava em um leito de hospital"; "Ontem, durante o desjejum, minha esposa estava servindo café..."; "No mês de julho passado, eu vinha dirigindo meu carro em alta velocidade pela Estrada 42..."; "Abriu-se a porta de meu escritório e Charles Vann, nosso capataz, entrou como um raio..."; "Eu estava pescando no meio do lago; levantei os olhos e vi uma lancha a motor a toda, vindo em minha direção."

Começando suas palavras com frases que respondam a uma das perguntas Quem? Como? Onde? Quando? O quê? ou Por quê?, você estará empregando um dos mais velhos métodos do mundo para atrair atenção — a história. "Era uma vez" são as palavras mágicas que abrem as comportas da imaginação de uma criança. Com essa mesma abordagem de interesse humano você pode cativar as mentes de seus ouvintes a partir de suas palavras iniciais.

CITE EM SEU EXEMPLO OS DETALHES RELEVANTES

O detalhe, em si mesmo, não é interessante. Uma sala atulhada de móveis e antiguidades não é atraente. Um quadro com excesso de detalhes desconexos não estimula a vista a se demorar sobre ele. Do mesmo modo, detalhes em demasia — detalhes sem importância — tornam a conversação e o falar em público um teste de resistência maçante. O segredo consiste em escolher apenas aqueles detalhes que servirão para ressaltar o Objetivo e a Razão da fala. Se você quer passar a ideia de que os seus ouvintes devem submeter seus carros à revisão antes de iniciarem uma viagem longa, então os detalhes de seu Exemplo devem dizer respeito ao que lhe aconteceu quando você deixou de fazer revisão em seu carro antes de uma viagem. Se você relatar como apreciou a paisagem ou onde ficou quando chegou ao seu destino, a única coisa que conseguirá é enevoar o seu Objetivo e dissipar a atenção.

O detalhe relevante, oferecido em linguagem concreta e pitoresca, é a melhor maneira de recriar o incidente como ele aconteceu e ilustrá-lo para o público. Dizer, meramente, que você uma vez sofreu um acidente porque foi negligente é vazio, desinteressante e, provavelmente, não levará ninguém a ser mais cuidadoso ao volante. No entanto, descrever com palavras sua assustadora experiência, usando toda a gama da fraseologia multissensorial, fará com que o acontecimento se grave na mente dos ouvintes. Veja a maneira pela qual um de nossos alunos desenvolveu um Exemplo que alertou vividamente para a necessidade de grande cautela em estradas cobertas de gelo.

> "Eu estava me deslocando para o norte, pela Estrada 41, em Indiana, certa manhã, pouco antes do Natal de 1949. No carro, estavam minha mulher e meus dois filhos. Durante algumas horas, vínhamos avançando por cima de uma camada de gelo que parecia um espelho; o mais leve golpe no volante fazia com que a traseira do meu Ford derrapasse assustadoramente. Poucos motoristas saíam da mão ou tentavam ultrapassar, enquanto as horas pareciam arrastar-se tão vagarosamente quanto os carros.
>
> Chegamos então a um trecho aberto, onde o gelo havia sido dissolvido pelo sol; pisei no acelerador, procurando recuperar o tempo perdido. Outros carros fizeram o mesmo. De repente, parecia que todo mundo estava com pressa para chegar a Chicago em primeiro lugar. As crianças começaram a cantar no assento traseiro, à medida que diminuía a tensão do perigo.

A estrada, subitamente, galgava uma encosta e penetrava uma região coberta de mato. Enquanto a velocidade do carro atingia o máximo, eu percebi, muito tarde, que a encosta norte da elevação, ainda não tocada pelos raios do sol, era como um calmo rio de gelo. Passou ante meus olhos a visão fugidia de dois carros à nossa frente em sua velocidade desenfreada e, logo depois, sofremos uma derrapagem. Lá fomos nós de lado, sem qualquer esperança de controle, até sermos detidos por um banco de neve, ainda sem tombar; no entanto, o carro que vinha atrás de nós derrapou também, vindo de encontro à parte lateral de nosso automóvel, amassando-lhe as portas e lançando uma verdadeira chuva de estilhaços de vidro sobre nós."

Nesse exemplo, a abundância de detalhes facilitou ao público projetar-se naquela cena. Afinal de contas, o seu propósito é fazer com que os ouvintes vejam o que você viu, ouçam o que você ouviu, sintam o que você sentiu. A única forma pela qual, possivelmente, você, pode obter esse efeito é utilizando em abundância detalhes concretos. Como foi ressaltado no Capítulo 4, a tarefa da preparação de um pronunciamento é a tarefa de refazer as respostas às perguntas: Quem? Quando? Como? Onde? e Por quê? Você deve estimular a imaginação visual de seus ouvintes pintando quadros verbais.

REVIVA SUA EXPERIÊNCIA ENQUANTO A RELATA

Além de empregar detalhes pitorescos, o orador deve reviver a experiência que está descrevendo. É aqui que a arte de falar se aproxima da sua irmã, as artes cênicas. Todos os grandes oradores têm um senso do dramático, mas essa não é uma qualidade rara, encontrada apenas nos eloquentes. As crianças, em sua maioria, têm grande suprimento desse ingrediente. Muitas das pessoas que conhecemos são dotadas do senso da oportunidade, das expressões faciais, da mímica ou da pantomima, o que constitui, pelo menos, uma parte inestimável da capacidade de dramatizar. Quase todos nós temos alguma dessas habilidades e com um pouco de esforço e de prática podemos desenvolvê-la mais.

Quanto mais ação e excitação você for capaz de pôr ao recontar seu incidente, mais este se gravará na mente de seus ouvintes. Não importa quão rica em detalhes possa ser uma história, será fraca se quem a conta não o fizer com todo o fervor de uma recriação. Você está descrevendo um incêndio? Ofereça-nos o sentimento de excitação que perpassou a multidão enquanto os bombeiros combatiam as chamas. Você está falando de uma discussão que teve com um vizinho? Torne a viver a discussão; dramatize-a. Está relatando sua batalha contra o mar enquanto o pânico se apossava de você? Faça com que os ouvintes sintam o desespero desses terríveis momentos de sua vida. Não se esqueça de que um dos objetivos de seu Exemplo é fazer com que sua fala se torne memorável. Seus ouvintes se lembrarão do que você disse e do que você deseja que eles façam somente se o Exemplo se gravar em suas mentes. Nós nos lembramos da honestidade de George Washington tão somente porque a biografia feita por Weem popularizou o incidente da maçã. O Novo Testamento é um rico repositório de princípios de conduta ética reforçados por exemplos plenos de interesse humano — a história do Bom Samaritano, por exemplo.

Além de fazer com que suas palavras sejam mais facilmente lembradas, o incidente-exemplo as torna mais interessantes, mais convincentes e mais fáceis de serem compreendidas. Sua experiência sobre aquilo que a vida lhe ensinou é vigorosamente percebida pelo público, seus ouvintes se encontram, num certo sentido, predispostos a responderem àquilo que você deseja que eles façam. Isso nos leva diretamente à segunda fase da Fórmula Mágica.

2. APRESENTE O SEU OBJETIVO, AQUILO QUE VOCÊ DESEJA QUE O PÚBLICO FAÇA

A etapa do Exemplo de sua fala para induzir à ação consumiu mais de três quartos do seu tempo. Presuma que você esteja falando há dois minutos. Você dispõe de cerca de vinte segundos para apresentar a ação que deseja ver empreendida pelos ouvintes e os benefícios que ele pode esperar como resultado de fazer aquilo que você pede. A necessidade de detalhes não existe mais. Chegou o momento de uma declaração frontal e direta. É o inverso da técnica do jornalismo. Em vez de apresentar em primeiro lugar os títulos, você relata o caso e, depois, como título, ou cabeçalho, oferece o seu Objetivo ou apelo à ação. Esta etapa é governada por três regras:

APRESENTE O OBJETIVO DE FORMA BREVE E ESPECÍFICA

Seja preciso em dizer ao público exatamente aquilo que você deseja que ele faça. É essencial que você indague a si mesmo o que, exatamente, você deseja que os seus ouvintes façam, agora que eles se encontram predispostos a agir, motivados pelo seu Exemplo. É uma boa ideia anotar o Objetivo da mesma maneira pela qual você redige um telegrama, procurando reduzir o número de palavras e tornar a sua linguagem tão clara e explícita quanto possível. Não diga: "Ajudem os doentes em nosso orfanato local." Isso é generalizado em demasia. Diga, em lugar disso: "Inscrevam-se, esta noite, para o encontro do próximo domingo, em que 25 crianças serão levadas a um piquenique." É importante solicitar uma ação específica que possa ser visualizada, mais do que ações gerais, demasiado vagas. Por exemplo: "Pensemos em nossos avós de vez em quando", é muito generalizado para induzir à ação. Em vez disso,

diga: "Comprometa-se a visitar os seus avós neste fim de semana."
Uma declaração do tipo "Seja patriota" deverá ser convertida em
"Vote na próxima terça-feira".

TORNE A EXECUÇÃO DO OBJETIVO
FÁCIL PARA OS OUVINTES

Não importa qual seja o assunto, controverso ou não, cabe a quem fala a responsabilidade de verbalizar seu objetivo, o pedido de ação, de tal modo que seja fácil para os seus ouvintes compreenderem-no e executarem-no. Uma das melhores maneiras de conseguir isso é ser específico. Se você deseja que os seus ouvintes melhorem a capacidade de se lembrar de nomes, não lhes diga: "Comece agora a melhorar sua memória no que diz respeito a nomes." Isso é tão genérico que é difícil de fazer. Diga: "Quando conhecer alguém novo, repita cinco vezes seu nome nos cinco minutos seguintes."

Oradores que sugerem ações específicas têm mais chances de obter êxito em motivar os seus ouvintes do que aqueles que apenas propõem algo vago. Dizer "Visitem-no esta semana" é muito melhor do que solicitar aos seus ouvintes que se compadeçam de um colega hospitalizado.

A dúvida a respeito de apresentar o Objetivo de forma negativa ou positiva deve ser esclarecida ao encará-lo do ponto de vista dos ouvintes. Nem todos os objetivos negativamente apresentados são ineficientes. Quando eles sintetizam uma atitude a evitar, são provavelmente mais convincentes ao público do que um apelo anunciado de forma positiva. "Não tema a luz" foi uma frase de atitude a evitar, empregada com grande efeito em uma campanha publicitária destinada à venda de lâmpadas elétricas.

APRESENTE O OBJETIVO
COM FIRMEZA E CONVICÇÃO

O Objetivo é todo o tema de sua palestra. Por isso, deve ser apresentado com firmeza e convicção. Do mesmo modo que um título receber destaque, o seu apelo a favor da ação deve ser enfatizado com animação vocal e firmeza. Você está perto de causar sua última impressão sobre o público. Faça-o de forma tal que os seus ouvintes sintam a sinceridade de seu apelo a favor da ação. Não deve haver incerteza ou timidez na forma pela qual você solicita a ação. Essa atitude persuasiva deve ser levada até sua última palavra, na qual você introduz o terceiro passo da Fórmula Mágica.

3. CITE A RAZÃO OU O BENEFÍCIO QUE O PÚBLICO PODE ESPERAR

Aqui, mais uma vez, a brevidade e a economia são necessárias. Na fase da razão, você destacará a recompensa ou incentivo que os seus ouvintes podem esperar se fizerem o que você lhes pediu na etapa do Objetivo.

ASSEGURE-SE DE QUE A RAZÃO ESTEJA
RELACIONADA COM O EXEMPLO

Muito tem sido escrito a respeito de motivação no falar em público. É um assunto vasto e útil, indispensável a qualquer pessoa incumbida de persuadir outras pessoas a agirem. Na fala curta para induzir à ação, sobre que estamos centralizando nossa atenção neste capítulo, tudo o que você pode esperar fazer é ressaltar o benefício em uma ou duas frases e, em seguida, sentar-se. É da máxima importância, no entanto, que você se atenta ao benefício que foi sugerido na etapa do Exemplo. Se você fala sobre sua experiência em economizar dinheiro por ter comprado um carro usado e insiste com os seus ouvintes para que comprem um automóvel de segunda mão, você deve ressaltar, em sua razão, que os ouvintes, também, gozarão de vantagens econômicas por comprarem um usado. Você não deve se desviar do Exemplo apresentando como razão o argumento de que alguns carros seminovos são mais estilosos do que modelos mais recentes.

ASSEGURE-SE DE QUE DESTACA UMA RAZÃO, E APENAS UMA

Os vendedores, em sua maioria, podem apresentar meia dúzia de razões pelas quais se devem comprar seus produtos, e é bem possível que você mesmo possa citar vários motivos para apoiarem o seu Objetivo, todos eles coerentes com o Exemplo utilizado. Mas, mesmo assim, é preferível escolher uma razão ou benefício que sobressai a todos e, em cima dele, apoiar o seu caso. Suas palavras finais ao público devem ser tão precisas como a mensagem de um anúncio numa revista nacional. Se você avaliar esses anúncios, nos quais se despende tanto talento, desenvolverá sua habilidade em tratar do objetivo e da razão da sua fala. Anúncio nenhum procura vender mais do que um produto ou uma ideia por vez. Poucos anúncios, nas revistas de grande circulação, usam mais de uma razão pela qual você deve comprar. A mesma empresa pode mudar o seu apelo motivacional de um meio de divulgação para outro, da televisão para o jornal, por exemplo, mas raramente a mesma companhia fará apelos diferentes em um anúncio, seja ele oral ou visual.

Se você examinar os anúncios que vê nas revistas e nos jornais ou na televisão e analisar o seu conteúdo, ficará surpreso ao verificar o quanto é empregada a Fórmula Mágica para persuadir pessoas a comprarem. Você perceberá a cinta de coerência que amarra, em um só pacote, todo o anúncio ou comercial.

Há outras formas de apresentar um exemplo, tais como o uso de filmes, as demonstrações, a citação de autoridades, as comparações e as estatísticas. Isso será explicado mais a fundo no Capítulo 13, quando se abordará a fala longa para persuadir. Neste capítulo, a Fórmula foi restringida ao exemplo baseado no incidente pessoal porque, na fala curta para induzir à ação, esse é, sem dúvida, o método mais fácil, interessante, dramático e persuasivo que um orador pode empregar.

CAPÍTULO 8

A fala informativa

Você, provavelmente, terá muitas vezes ouvido oradores como um que, certa ocasião, deixou um comitê de investigação do Senado dos Estados Unidos inteiramente enfadado. Era um funcionário do alto escalão do governo, mas só sabia falar e falar, vagamente, sem nunca tornar claro o que desejava dizer. Mostrava-se obscuro e sem rumo, e com isso a confusão do comitê aumentava cada vez mais. Finalmente um de seus membros, Samuel James Ervin Jr., o senador do estado da Carolina do Norte há mais tempo em atividade, achou uma oportunidade de dizer algumas palavras — e foram palavras com forte significado.

Disse ele que o alto funcionário lembrava-lhe um marido, lá em sua terra natal. Esse homem notificara o seu advogado de que desejava se divorciar de sua mulher, mesmo admitindo ser ela bonita, boa cozinheira e mãe exemplar.

— Então por que se divorciar dela? — quis saber o advogado.
— Porque ela fala o tempo todo — respondeu o marido.
— Sobre o que fala ela?
— Esse é o problema — replicou o marido. — Não sei dizer!

Esse é o problema, também, com muitos oradores. Seus ouvintes não sabem sobre o que estão falando. Eles nunca deixam claro o que querem dizer.

No Capítulo 7, foi apresentada uma fórmula para a elaboração de falas curtas para induzir os ouvintes à ação. Agora vou dar a você um método para ajudá-lo a tornar claro o que quer dizer quando desejar informar, e não motivar, o seu público.

Falamos com o intuito de informar várias vezes ao correr do dia: dando direções ou instruções e apresentando explicações ou relatórios. De todos os tipos de falas dirigidas semanalmente a públicos por toda parte, as destinadas a informar perdem apenas para as que têm como objetivo persuadir à ação. A capacidade de falar claramente precede a capacidade de induzir pessoas à ação. Um dos maiores industriais da América, Owen D. Young, ressalta a necessidade de expressar-se com clareza no mundo de hoje:

> "À medida que uma pessoa aumenta sua capacidade de fazer com que os outros a compreendam, ela amplia também, na mesma extensão, sua oportunidade de ser útil. Certamente, em nossa sociedade, em que é necessário às pessoas, mesmo nos assuntos mais simples, cooperarem com as outras, é preciso, antes de tudo, que compreendam umas às outras. A linguagem é a principal possibilitadora da compreensão e, por isso, devemos aprender a usá-la, não de forma grosseira, mas sim perspicaz."

Neste capítulo, apresentaremos algumas sugestões que ajudarão você a fazer uso de uma linguagem tão clara e tão perspicaz que os seus ouvintes não terão dificuldade em entendê-lo. "Tudo aquilo em que se pode pensar", disse Ludwig Wittgenstein, "pode ser pensado claramente. Tudo o que pode ser dito pode ser dito claramente".

1. RESTRINJA O SEU ASSUNTO DE MODO A RESPEITAR O TEMPO À SUA DISPOSIÇÃO

Em uma de suas falas aos mestres, o Prof. William James interrompeu-se para observar que só se pode apresentar um ponto por **palestra, e a** palestra a que ele se referia durava uma hora. No entanto, ouvi um orador, cujo tempo estava limitado a três minutos, começar dizendo que desejava chamar a atenção dos ouvintes sobre onze pontos. Dezesseis segundos e meio para cada ponto de seu tema! Parece incrível — não é mesmo? — que um homem inteligente possa tentar uma coisa tão absurda. Na verdade, esse é um caso extremo, mas a tendência a errar dessa forma, embora não a esse ponto, prejudica quase todos os iniciantes. É como um guia de turismo, que mostra Paris ao turista em um único dia. Isso pode ser feito, do mesmo modo que uma pessoa pode percorrer o Museu Americano de História Natural em trinta minutos. Mas, nesses casos, o resultado são sentimentos de superficialidade e insatisfação. Muitas falas deixam de ser claras porque o orador parece pretender estabelecer um recorde mundial de área coberta em um determinado tempo. Ele salta de um ponto para outro com a agilidade e rapidez de um cabrito-montês.

Se, por exemplo, você tiver que falar sobre sindicatos trabalhistas, não tente nos dizer, em três ou em seis minutos, por que eles surgiram, os métodos que eles empregam, o bem que já realizaram, o mal que acarretaram e como resolvem disputas industriais. Não, não; se você tentar fazê-lo, ninguém ficará com uma ideia clara daquilo que você disse. Tudo parecerá confuso, como um borrão, demasiado incompleto, demasiado vago.

Não seria mais aconselhável escolher um período na História, e um período somente, dos sindicatos de trabalho e, adequadamente, cobri-lo e ilustrá-lo? Seria. Esse tipo de fala deixa uma impressão única. É lúcida, fácil de ouvir, fácil de lembrar.

Certa manhã, quando fui visitar o presidente de uma companhia, a quem eu conhecia, vi que um nome estranho se encontrava no lado de fora de sua porta. O diretor de pessoal, velho amigo meu, me explicou por quê.

— O nome dele o arruinou — disse o meu amigo.

— O nome dele? — repeti. — Ele era um dos Jones que controlam a companhia, não era?

— Estou me referindo é ao apelido dele — esclareceu meu amigo. — Era chamado de "Onde Ele Está Agora?". Todos o conheciam como Jones Onde Ele Está Agora. Não durou muito. A família o substituiu por um primo. Ele nunca se deu ao trabalho de procurar conhecer coisa alguma a respeito deste negócio. De fato, tinha dias longos, mas... fazendo o quê? Espiando aqui, espiando ali, por toda a parte, o tempo todo. Cobrindo todas as áreas, para ser mais exato. Achava que era mais importante verificar se alguém na logística havia deixado uma lâmpada acesa ou que clipes as estenógrafas estavam usando do que elaborar uma campanha para grandes vendas. Não parava muito em seu escritório. Esta é a razão pela qual o chamavam de "Onde Ele Está Agora."

Jones Onde Ele Está Agora me faz lembrar de muitos oradores que podiam se sair muito melhor, mas não o fazem porque não disciplinam a si mesmos. São aqueles que, como o Sr. Jones, pretendem cobrir uma área muito grande. Você nunca ouviu alguém assim? E, no meio de um discurso ou palestra, não se perguntou — "Onde ele está agora?"

Mesmo alguns oradores experientes incorrem nesse erro. Talvez o fato de que sejam capazes sob muitos outros aspectos os faça cegos ao perigo da dispersão de esforços. Não é necessário que você seja igual a eles. Aferre-se ao seu tema principal. Se você for capaz de se fazer claro, seus ouvintes serão sempre capazes de dizer "Estou entendendo, sei onde ele está".

2. ORGANIZE SUAS IDEIAS EM SEQUÊNCIA

Quase todos os assuntos podem ser desenvolvidos em uma sequência lógica, baseada no tempo, no espaço ou em tópicos especiais. Na sequência de tempo, por exemplo, você pode considerar o seu assunto de acordo com três categorias — o passado, o presente e o futuro; ou você pode começar em uma certa data e, a partir daí, avançar ou recuar. Todas as falas sobre processamentos, por exemplo, devem começar no estágio da matéria-prima e deslocar-se através das fases de manufatura até a produção do artigo final. Quantos detalhes incluir, dependerá, é lógico, do tempo de que se dispõe para falar.

Na sequência de espaço, você organiza suas ideias a partir de algum ponto central, e então cobre seu entorno ou constrói sua fala direcionalmente, isto é, para o norte, para o sul, para leste e para oeste. Se você fosse descrever a cidade de Washington, D.C., poderia levar os seus ouvintes ao topo do Capitólio e indicar os pontos turísticos em cada direção. Se estiver descrevendo um avião a jato ou um automóvel, por exemplo, talvez seja melhor discutir, uma a uma, as partes que os compõem.

Alguns assuntos têm uma sequência própria. Se você se dispõe a explicar a estrutura do governo dos Estados Unidos, fará melhor em seguir sua linha inerente de organização e analisá-la de acordo com seus ramos — legislativo, executivo e judiciário.

3. ENUMERE SEUS PONTOS À MEDIDA QUE OS APRESENTA

Um dos métodos mais simples de fazer com que uma fala se grave nas mentes de seus ouvintes é mencionar claramente, à medida que você avança, que está cobrindo primeiro um ponto, depois outro.

"Meu primeiro ponto é..." Sem a menor cerimônia. Quando acabar de discutir o seu ponto, pode dizer claramente que vai passar a um segundo ponto. E, dessa forma, seguir até o fim.

O Dr. Ralph J. Bunche, quando assistente do secretário-geral das Nações Unidas, começou uma importante palestra, patrocinada pelo City Club de Rochester, estado de Nova York, com bastante objetividade:

"Escolhi falar esta noite sobre o tópico 'O desafio das relações humanas' por duas razões", começou ele, logo prosseguindo para acrescentar: "Em primeiro lugar..." — Não tardou muito e: "Em segundo lugar...". Durante toda a palestra, o Dr. Bunche teve o cuidado de tornar claro para o seu auditório que ele o estava conduzindo, passo a passo, até sua conclusão.

Jamais devemos perder nossa fé na força potencial do homem para o bem."

Ao mesmo método foi dado um retoque eficaz quando o economista Paul H. Douglas falou a um comitê conjunto do Congresso que lutava para estimular os negócios numa ocasião em que estes passavam por uma crise no país. Ele falou não só como perito em impostos, mas também como senador de Illinois.

"Meu tema", começou ele, "é o seguinte: o caminho mais rápido e eficaz é agir por meio da redução de impostos para negócios de rendimentos baixo e médio — isto é, aqueles que tendem a gastar quase tudo o que ganham."

"Especificamente...", continuou ele.

"Além disso...", acrescentou.

"Há três principais razões... Primeira... Segunda... Terceira...

Em resumo, necessitamos de uma redução imediata de impostos para negócios de baixo e médio rendimentos a fim de aumentar a demanda e o poder aquisitivo."

4. COMPARE O DESCONHECIDO COM O QUE É FAMILIAR

Muitas vezes você se verá divagando, em uma vã tentativa de explicar o que quer. É algo muito claro para você, mas que exige uma explicação detalhada se deseja que seja claro também para os seus ouvintes. Como proceder? Compare-o com alguma coisa que seus ouvintes compreendam; diga que uma coisa é semelhante a outra, compare o desconhecido ao que é familiar.

Suponhamos que você deseja explicar uma das contribuições da química para a indústria — um catalisador. O catalisador é uma substância que provoca modificações em outras substâncias sem que ela mesma se modifique. Isso é algo razoavelmente simples. Mas não será melhor dizer: "É como um garoto no recreio de uma escola que empurra, bate e implica com todos os colegas, mas nunca é alvo de golpes dos outros"?

Alguns missionários se defrontaram, certa vez, com o problema de colocar declarações de difícil compreensão em termos familiares, ao traduzirem a Bíblia para o dialeto de uma tribo da África Equatorial. Deveriam fazer uma tradução literal? Perceberam que, se o fizessem, as palavras, por vezes, não teriam significação para os nativos.

Chegaram, por exemplo, às linhas: "Ainda que os teus pecados sejam escarlates, eles se tornarão tão brancos como a neve." Deveria esse trecho ser traduzido literalmente? Os nativos daquelas selvas pantanosas não conheciam a neve. No entanto, frequentemente subiam nos coqueiros e sacudiam os cocos para as suas refeições. Os missionários compararam o desconhecido com o conhecido. Modificaram a passagem da seguinte maneira:

"Ainda que os seus pecados sejam escarlates, eles se tornarão tão brancos como a polpa de um coco."

Naquelas circunstâncias, seria difícil dizer de forma melhor esse trecho, não é mesmo?

TRANSFORME O FATO EM IMAGEM

A que distância se encontra a lua? O sol? A outra estrela mais próxima? Os cientistas estão aptos a responder a essas questões relacionadas a viagens espaciais com uma boa dose de matemática. Entretanto, os conferencistas e os redatores que se dedicam à ciência sabem não ser essa a maneira de tornar um fato claro para o público comum. Eles transformam os números em imagens.

Sir James Jeans, famoso cientista, estava particularmente interessado nos anseios da humanidade por explorar o Universo. Como cientista, ele entendia a matemática envolvida e sabia também que seria mais produtivo, ao escrever e ao falar, se colocasse somente um número aqui e outro ali.

Nosso Sol (uma estrela) e os planetas que nos rodeiam encontram-se tão próximos que não nos apercebemos da distância a que estão outros corpos que circulam no espaço, ressaltou ele em seu livro *The Universe Around Us* (O Universo que nos cerca). "Mesmo a mais próxima estrela (Proxima Centauri) está a uma distância de 40.000.000.000.000 de quilômetros", disse ele. Então, a fim de tornar esse dado mais assimilável, explicou que, se alguém partisse da Terra a uma velocidade igual à da luz — 300.000.000 metros por segundo —, levaria quatro anos e três meses para chegar à Proxima Centauri.

Desse modo, *Sir* James Jeans foi mais bem-sucedido descrevendo as vastas distâncias espaciais do que certo orador a quem, uma vez, ouvi descrever coisa tão simples como as distâncias no Alasca. Disse ele que a área do Alasca era de 1.530.175 quilômetros quadrados, e não lançou mão de nenhuma outra abordagem para formar aquele dado mais palpável.

Isso lhe dá alguma noção da extensão territorial do 49.º estado norte-americano? A mim não deu. Para visualizar quão grande é o Alasca, eu tive que esperar até aprender de outra fonte que sua área é maior do que as superfícies somadas dos estados de Vermont, New Hampshire, Maine, Massachusetts, Rhode Island, Connecticut, Nova York, Nova Jersey, Pennsylvania, Delaware, Maryland, Virgínia Ocidental, Carolina do Norte, Carolina do Sul, Geórgia, Flórida, Tennessee e Mississippi. Agora os 1.530.175 quilômetros quadrados tomam um outro aspecto, não é mesmo? Pode-se perceber que no Alasca há espaço de sobra.

Há alguns anos, um aluno do nosso curso descreveu o número assustador de acidentes fatais em nossas estradas com este cenário apavorante: "Você está dirigindo de Nova York para Los Angeles, cortando o país. Em lugar de placas de sinalização de trânsito, imagine caixões funerários fincados na terra, cada um deles contendo uma vítima das mortes ocorridas ano passado nas estradas. Enquanto se desloca, o seu automóvel passará por um desses hediondos marcos a cada cinco segundos, pois de uma extremidade do país à outra, eles se acham espaçados à razão de oito por quilômetro."

Nunca fui muito longe de carro sem que esse cenário me voltasse à mente com surpreendente realismo.

Por que isso? Porque as impressões auditivas são difíceis de reter. Elas deslizam como o granizo ao bater na casca lisa de uma faia. E as impressões visuais? Vi, há alguns anos, uma bala de canhão engastada em uma casa velha às margens do Danúbio, uma bala de canhão disparada pela artilharia de Napoleão na Batalha de Ulm. As impressões visuais são como aquela bala de canhão; produzem um terrível impacto. Engastam-se. Mantêm-se. Tendem a afastar todas as sugestões contrárias, como Napoleão fez com os austríacos.

EVITE TERMOS TÉCNICOS

Se você pertence a uma determinada profissão cujas atividades são técnicas — se você é advogado, médico, engenheiro ou pertence a uma linha de negócios altamente especializada —, seja duplamente cuidadoso quando falar com pessoas estranhas à sua profissão. Expresse-se em termos simples e forneça os detalhes necessários.

Seja duplamente cuidadoso, pois, como parte de minhas obrigações profissionais, tenho escutado centenas de palestras que falharam justamente por conta disso, e falharam lamentavelmente. Os oradores pareciam completamente alheios à difundida e profunda ignorância do público com relação à sua particular especialidade. Então, o que aconteceu? Eles divagavam sem parar, verbalizando pensamentos, usando frases que se aplicavam a suas experiências e eram perfeitamente inteligíveis para si próprios. Para os leigos, no entanto, aquelas palavras eram tão claras como o rio Mississippi depois que as chuvas de junho caem sobre os campos recém-arados de Iowa e do Kansas.

O que deveria fazer tal orador? Ele deveria ler e seguir o conselho do ex-senador Beveridge, de Indiana:

"É uma boa prática escolher um ouvinte aparentemente menos familiarizado com o seu tema e esforçar-se para que essa pessoa se interesse por sua argumentação. Isso só pode ser obtido por meio de uma apresentação lúcida dos fatos e do raciocínio claro. Um método ainda melhor é direcionar sua fala a alguma criança presente com os seus pais.

Diga para você mesmo — ou diga em voz alta para os ouvintes, se preferir — que procurará ser tão simples que aquela criança compreenderá, reterá sua explicação sobre a questão abordada e será capaz de repetir aquilo que você falou."

Um médico, numa de nossas turmas, explicou, em uma de suas palestras, que "a respiração diafragmática é um notável auxílio à ação peristáltica dos intestinos e um benefício para a saúde". Ele estava prestes a encerrar aquele ponto de sua fala com essa frase e correr para o próximo. O instrutor o interrompeu e pediu que, pelo levantar das mãos, se acusassem aqueles que tinham uma concepção clara de como a respiração diafragmática se diferencia de outros tipos de respiração, por que é ela benéfica para o bem-estar físico e o que vem a ser ação peristáltica. O resultado da votação surpreendeu o médico e, por isso, ele voltou atrás, procurando explicar com mais detalhes, da seguinte maneira:

> "O diafragma é um músculo fino que forma o 'chão' do tórax, na base dos pulmões, e o 'teto' da cavidade abdominal. Quando inativo e durante a respiração torácica, ele fica arqueado como uma bacia invertida.
>
> Na respiração abdominal, cada inalação força esse músculo a se arquear para baixo até tornar-se quase plano, quando se podem então sentir os músculos do estômago pressionarem a cintura. Essa

pressão do diafragma para baixo massageia e estimula os órgãos da parte superior da cavidade abdominal — o estômago, o fígado, o pâncreas, o baço e o plexo solar.

Quando se torna a expirar, o estômago e o intestino são forçados para cima contra o diafragma e recebem uma outra massagem.

Essa massagem ajuda no processo de excreção.

Uma grande quantidade de moléstias tem origem nos intestinos.

A maior parte das indigestões, das constipações e das autointoxicações desapareceria se os nossos estômagos e intestinos fossem exercitados apropriadamente através de profunda respiração diafragmática."

Sempre é melhor passar do simples para o complexo ao dar explicações de qualquer tipo. Por exemplo, suponha você que está tentando explicar a um grupo de pessoas por que os refrigeradores devem ser descongelados. A maneira que se segue seria o modo errado de fazê-lo:

"O princípio da refrigeração baseia-se no fato de que o evaporador extrai o calor da parte interior do refrigerador. À medida que o calor vai sendo retirado, a umidade que o acompanha adere ao evaporador, acumulando-se em uma camada espessa que isola o evaporador e faz com que o motor seja acionado com maior frequência para compensar o adensamento da camada de gelo."

Observe como a compreensão se torna mais fácil quando começamos a explicação com algo familiar a essas pessoas.

"Vocês sabem onde botam a carne para congelar na sua geladeira. Bem, vocês sabem, também, como o gelo vai se acumulando no congelador. A cada dia, a camada de gelo vai se tornando mais densa, até que o congelador deve ser descongelado a fim de manter a geladeira em bom estado. Como sabem, o gelo em torno do congelador é realmente como um cobertor colocado sobre uma pessoa na cama ou como um isolante nas paredes de sua casa. Bem, quanto mais espessa se tornar a camada de gelo, mais difícil será para o congelador extrair o ar quente da geladeira, a fim de conservá-la fria. Será preciso, então, que o motor da geladeira trabalhe mais vezes e durante mais tempo para conservar o aparelho frio. No entanto, com um descongelador automático em sua geladeira, a camada de gelo jamais se tornará espessa. Como consequência, o motor trabalhará com menos frequência e por períodos mais curtos."

Aristóteles deu, a respeito, um bom conselho: "Pense como o sábio, mas fale como o homem simples." Se você tiver que empregar um termo técnico, não faça isso enquanto não tiver explicado de modo que todos saibam seu significado. Isso é especialmente necessário com relação a suas palavras-chave, isto é, às palavras que você está sempre repetindo.

Certa vez ouvi um contador falar a um grupo de mulheres que desejavam aprender os fundamentos das finanças e dos investimentos. Ele empregava uma linguagem simples e as deixava à vontade, falando em tom de conversa, e tornou claros todos os pontos, com a exceção de alguns termos técnicos, que eram estranhos para elas. Falou de "câmara de compensação", "ter e haver", "reformas de hipotecas", "vendas a varejo e vendas a granel". O que poderia ter sido uma fascinante palestra tornou-se um enigma, porque ele não percebeu que as suas ouvintes não estavam familiarizadas com as palavras que faziam parte de seu negócio.

Não há razão para evitar um termo-chave que você sabe que não será compreendido. Basta que você o explique tão logo o empregue. Nunca deixe de fazê-lo, o dicionário é todo seu.

Você deseja dizer alguma coisa a respeito de comerciais musicais? Ou sobre consumo compulsivo? Sobre cursos de artes liberais ou contabilidade? Sobre subsídios do governo ou automóveis que passam em excesso de velocidade? Gostaria de defender uma atitude mais flexível com relação à criação dos filhos ou o sistema LIFO de avaliação de inventários? Basta assegurar-se de que os seus ouvintes apreendam suas palavras e termos-chave nessas áreas específicas, no mesmo sentido em que você as emprega.

5. EMPREGUE MEIOS DE AUXÍLIO VISUAL

Os nervos que partem dos olhos para o cérebro são muito maiores do que os que se originam nos ouvidos; além disso, a ciência nos diz que prestamos 25 vezes mais atenção às sugestões visuais do que às auditivas.

"Ver uma vez", diz um velho provérbio japonês, "é melhor do que ouvir cem vezes."

Assim, se você deseja ser claro, transforme seus pontos em imagens, visualize suas ideias. Esse era o plano de John H. Patterson, fundador da National Cash Register Company. Patterson escreveu um artigo para a *System Magazine* ressaltando os métodos por ele utilizados ao se dirigir aos seus trabalhadores e vendedores:

> "Afirmo que não se pode confiar apenas na palavra para se fazer compreender ou para atrair e manter a atenção. É necessário um suplemento dramático. O melhor é suplementar, sempre que possível, com imagens que mostrem o certo e o errado; diagramas são mais convincentes do que meras palavras, e imagens são mais convincentes do que diagramas. A apresentação ideal de um assunto é aquela em que cada uma de suas subdivisões é apresentada com imagens e em que as palavras são utilizadas apenas para fazer a ligação entre elas. Cedo aprendi que, ao lidar com pessoas, uma imagem é mais valiosa do que qualquer coisa que eu possa dizer."

Assim, se você se utilizar de um gráfico ou de um diagrama, certifique-se de que é suficientemente grande para ser visto, mas não exagere. Normalmente uma infindável sucessão de gráficos ou mapas torna-se maçante. Se fizer o diagrama à medida que você progride no assunto, tenha o bom senso de apenas esboçar por alto e rapidamente no quadro-negro ou no papel. Os ouvintes não estão interessados em grandes obras de arte. Use abreviaturas; escreva com letras grandes e de forma legível; continue falando enquanto está desenhando ou escrevendo, voltando-se, sempre que puder, para os seus ouvintes.

Quando fizer alguma exibição, siga as sugestões abaixo e pode ter a certeza de que obterá a embevecida atenção de seu público.

1. Mantenha fora das vistas o que vai exibir, até que chegue o momento do seu uso.
2. O que vai exibir deve ser suficientemente grande para ser visto mesmo das últimas fileiras. Os seus ouvintes nada podem aprender de algo que não veem.
3. Nunca faça circular algo entre os seus ouvintes enquanto estiver falando. Por que competir por atenção?
4. Ao exibir algo, faça-o de forma que todos os seus ouvintes possam ver.
5. Lembre-se de que um objeto em ação vale mais do que um parado. Demonstre, se for possível.
6. Enquanto fala, não olhe para o que está exibindo — você está procurando comunicar-se com o público, e não com o que exibe.
7. Quando aquilo que exibe não for mais necessário, procure ocultá-lo das vistas, se possível.
8. Se o que vai exibir é algo que merece um "tratamento misterioso", coloque-o sobre uma mesa ao seu lado enquanto fala. Mantenha-o coberto. À medida que fala, faça-lhe referências que despertem curiosidade — mas não diga o que é. Então, quando você estiver pronto para revelá-lo, terá despertado curiosidade, *suspense* e interesse de verdade.

Os exemplos visuais ou materiais estão sendo usados cada vez mais como meios de esclarecimento. Não existe meio melhor para assegurar que os seus ouvintes compreendam o que você tem a dizer do que ir para a frente deles preparado tanto para dizer como para mostrar o que tem em mente.

Dois presidentes americanos, ambos mestres da palavra falada, ressaltaram que a habilidade de ser claro é resultante do treinamento e da disciplina. Como disse Lincoln, devemos ser apaixonados pela clareza. Ao Dr. Gulliver, diretor do Colégio Knox, Lincoln disse como havia desenvolvido essa "paixão" no início de sua vida:

> "Entre as minhas memórias mais antigas, lembro-me de como, quando era ainda criança, eu ficava irritado quando alguém falava comigo de um modo que eu não conseguia entender. Não creio que jamais tenha ficado zangado por qualquer outra coisa em minha vida. Isso, no entanto, sempre perturbou meu temperamento, ontem como hoje. Lembro que ia para o meu quartinho, depois de escutar os vizinhos conversarem com meu pai uma tarde inteira, e ficava boa parte da noite caminhando para lá e para cá, procurando alcançar o exato significado de alguns de seus ditos, para mim obscuros. Depois de esquadrinhar uma ideia, não conseguia dormir, embora muitas vezes o tentasse, enquanto não a tivesse repetido e tornado a repetir, enquanto não a tivesse colocado em uma linguagem suficientemente simples para que qualquer um dos garotos que eu conhecia a pudesse compreender. Isso era para mim uma espécie de paixão e, até hoje, tem sido assim."

Outro distinto presidente, Woodrow Wilson, escreveu alguns conselhos que fecham com chave de ouro este capítulo sobre como fazer-se claro:

> "Meu pai era um homem de grande energia intelectual. O que tenho de melhor em minha educação veio dele. Ele era intolerante com a imprecisão, e desde a época em que comecei a escrever até sua morte, em 1903, aos 81 anos de idade, eu submeti a ele tudo que escrevia.

Ele fazia com que eu lesse em voz alta o que escrevera, o que sempre me era penoso. Aqui e ali me fazia parar. 'O que quer dizer com isso?', perguntava-me. Explicava-lhe e, é claro, ao fazê-lo, expressava-me com mais simplicidade do que o havia feito no papel. 'Por que não diz assim?', observava ele. 'Não atire com uma espingarda, atingindo todo o campo; use um rifle para atirar precisamente no que tem a dizer.'"

CAPÍTULO 9

A fala para convencer

Certa vez, um grupo de pessoas foi apanhado na rota de um furacão. Não era um furacão de verdade, mas quase isso. Em resumo, um homem chamado Maurice Goldblatt era o furacão. Eis como o descreveu um integrante daquele grupo:

> Encontrávamo-nos sentados em volta de uma mesa, em Chicago, conhecíamos a reputação desse homem como grande orador. Observamo-lo atentamente quando se levantou para falar.
>
> Ele começou calmamente — um homem de meia-idade, bem vestido e agradável — agradecendo-nos por tê-lo convidado. Desejava falar sobre algo sério e, disse, esperava que o desculpássemos por nos perturbar.
>
> Então, como um furacão, o homem atacou. Inclinou-se para a frente e os seus olhos nos transfixaram. Não levantava a voz, mas me parecia que ela ressoava como um gongo.
>
> "Olhem em volta", falou ele. "Olhem-se uns aos outros. Sabem quantos de vocês, que agora se encontram aqui sentados, vão morrer de câncer? Um dentre cada quatro de todos os que aqui se encontram e que são 45. Um em quatro!"
>
> Fez uma pausa e sua expressão se abrandou: "É uma verdade desagradável e franca, mas não é necessário que seja assim durante muito tempo. Algo pode ser feito a esse respeito", prosseguiu.

"O que pode ser feito é investir nas pesquisas de tratamento do câncer e de suas causas."

Olhou para nós gravemente, seu olhar percorrendo todos que se encontravam em torno da mesa. "Querem me ajudar com isso?", perguntou ele.

Poderia ter havido alguma outra resposta, na mente de todos nós, senão "sim"? "Sim!", pensei eu, verificando mais tarde que essa fora a resposta de todos os outros.

Em menos de um minuto, Maurice Goldblatt nos havia conquistado. Ele nos havia atraído pessoalmente para o seu tema. Ele nos pôs a seu lado na campanha que estava efetuando em prol de uma causa humanitária.

Obter uma reação favorável é o objetivo de todos os oradores, em qualquer momento e em qualquer lugar. Como se sabe, o Sr. Goldblatt tinha uma razão dramaticamente boa para desejar ter-nos a seu lado. Ele e seu irmão Nathan, começando com pouco mais do que nada, tinham formado uma cadeia de lojas com uma movimentação de mais de cem milhões de dólares por ano. O fabuloso sucesso lhes tinha advindo após anos longos e difíceis; foi então que Nathan adoeceu e, em pouco tempo, morreu de câncer. Depois disso, Maurice Goldblatt providenciou para que a Fundação Goldblatt doasse o primeiro milhão de dólares para o programa de pesquisa sobre o câncer da Universidade de Chicago e dedicou seu tempo — retirando-se dos negócios — à tarefa de interessar o público na luta contra o câncer.

Esses fatos, juntamente com a personalidade de Maurice Goldblatt, nos conquistaram. Sinceridade, franqueza, entusiasmo — uma esplendorosa determinação de se dedicar a nós por alguns minutos exatamente como vinha se dedicando, anos após ano, a uma grande causa —, todos esses fatores suscitaram em nós um sentimento de anuência para com o orador, amizade por ele e nos conduziram ao interesse e ao comprometimento com sua causa.

1. CONQUISTE A CONFIANÇA FAZENDO-SE DELA MERECEDOR

Quintiliano descreveu o orador como "um bom homem, habilidoso em falar". Ele estava se referindo à sinceridade e ao caráter. Nada do que foi ou será dito neste livro poderá tomar o lugar desse atributo essencial do falar para convencer. Pierpont Morgan declarou que o caráter é a melhor forma de obter crédito; o caráter é, também, a melhor forma de conquistar a confiança do público.

"A sinceridade com que fala um homem", disse Alexander Woolcott, "imprime à sua voz um tom de verdade que perjuro algum pode fingir."

Especialmente quando o objetivo da nossa fala é convencer, é necessário expressar nossas ideias com o fulgor íntimo que emana da convicção sincera. Precisamos primeiro estar convencidos, antes de tentar convencer os outros.

2. OBTENHA UMA RESPOSTA POSITIVA

Walter Dill Scott, ex-reitor da Universidade Northwestern, disse que "todas as ideias, conceitos ou conclusões que penetram na mente são tidos como verdadeiros, a não ser que sejam barrados por alguma ideia contraditória". Isso explica o fato de o público se manter em uma predisposição positiva. O meu bom amigo, Prof. Harry Overstreet, examinou brilhantemente o processo psicológico por trás desse fenômeno em uma conferência na *New School for Social Research*, na cidade de Nova York:

> O orador habilidoso obtém, de início, inúmeras respostas positivas. Dessa forma, ele terá estabelecido o processo psicológico de deslocar os seus ouvintes em direção à resposta positiva. É como o movimento

de uma bola de bilhar. Impelida em uma direção, será necessária alguma força para desviá-la, e mais força ainda para enviá-la de volta na direção oposta.

O processo psicológico aqui é claro. Quando uma pessoa diz "não", e realmente está sendo sincera, está fazendo mais do que proferir uma palavra de três letras. Todo o seu organismo — glândulas, nervos e músculos — está concentrado em uma condição de rejeição. Há, normalmente em grau mínimo, mas por vezes em grau elevado, uma retirada física ou preparação para a retirada. Em resumo, todo o sistema neuromuscular se põe em guarda contra a aceitação. Quando, ao contrário, uma pessoa diz "sim", não há nenhum movimento de retirada. O organismo está em uma atitude de aceitação e de receptividade, de deslocamento no sentido positivo. Daí porque quanto mais "sins", desde o início, possamos induzir, mais provavelmente seremos capazes de conseguir êxito em atrair a atenção para o nosso objetivo final.

É uma técnica muito simples essa da resposta positiva. No entanto, como é negligenciada! Parece, com frequência, que as pessoas se sentem superiores antagonizando desde o princípio. O radical vem a uma conferência com seus confrades conservadores e supõe que deve, imediatamente, torná-los furiosos. Qual, afinal de contas, é o benefício a ser daí retirado? Se ele o faz simplesmente para obter nisso algum prazer para si mesmo, poderá, então, ser perdoado. Mas, se o que ele espera é conseguir algo, então ele se mostra ignorante do ponto de vista psicológico.

Obtenha de início um "não" de um estudante ou de um cliente, de uma criança, de um marido ou de uma mulher e será necessário ter a paciência e a sabedoria dos anjos para transformar essa eriçada postura negativa em uma positiva.

Como será possível conseguir-se, desde o início, o desejável sim? É razoavelmente simples. "A minha forma de começar e de vencer uma argumentação", confidenciou Lincoln, "é, em primeiro lugar, descobrir um campo de concordância comum." Lincoln descobria esse campo de concordância comum mesmo quando discutia o tema altamente polêmico da escravidão. "Durante a primeira meia hora", informou *The Mirror*, jornal neutro, relatando um de seus pronunciamentos, "seus oponentes concordaram com cada uma das palavras que ele proferiu. A partir daí, Lincoln passou a conduzi-los, pouco a pouco, pela mão."

Não é óbvio que o orador que discute com seu público está meramente incitando à teimosia os seus ouvintes, colocando-os na defensiva, tornando quase impossível a mudança do estado de suas mentes? Será acertado começar dizendo "Vou provar isto e aquilo"? Será que os seus ouvintes não vão encarar essas palavras como um desafio e retrucar silenciosamente "Veremos"?

Não é muito mais vantajoso começar destacando algo em que tanto você como seus ouvintes acreditam e, então, levantar alguma questão pertinente que todos gostariam de ver respondida? Em seguida, faça com que o seu público o acompanhe na busca sincera de uma resposta. Durante essa busca, apresente os fatos pela maneira que você os vê, e o faça tão claramente que seus ouvintes sejam induzidos a aceitar suas conclusões como se fossem deles. Eles aceitarão com menos relutância uma verdade que tenham alcançado sozinhos. "O melhor argumento é aquele que parece, meramente, uma explicação."

Em todas as controvérsias, não importa quão amplas e azedas as diferenças, há sempre um terreno comum de concordância, no qual o orador pode convidar todos a se reunirem. Como ilustração: no dia 3 de fevereiro de 1960, Harold Macmillan, primeiro-ministro da Grã-Bretanha, falou perante as duas Casas do Parlamento da União Sul-Africana. Cabia-lhe apresentar o ponto de vista da Grã-Bretanha, contrário à discriminação racial, perante o corpo legislativo, numa época em que o *apartheid* era a política prevalente. Terá ele começado o seu pronunciamento apresentando desde logo essa diferença essencial? Não. Macmillan começou ressaltando o grande progresso econômico da África do Sul e as significativas contribuições desse país para o mundo. Então, com habilidade e tato, levantou a questão que dividia opiniões. Mesmo então, destacou estar bem a par de que essas diferenças se baseavam em convicções sinceras. Toda a sua fala foi uma obra soberba, lembrando um dos delicados, mas firmes, pronunciamentos de Lincoln nos anos que precederam Fort Sumter. "Como membro da Comunidade Britânica", disse o primeiro--ministro, "é nosso sincero desejo dar à África do Sul o nosso apoio e o nosso encorajamento, mas espero que os senhores não fiquem aborrecidos se eu lhes disser francamente que há alguns aspectos de sua política que tornam impossível para nós fazê-lo sem trairmos nossas profundas convicções sobre a liberdade política dos homens, que, em nosso próprio território, estamos tentando pôr em prática. Creio que, como amigos, sem procurar a quem cabem créditos ou culpas, devemos encarar o fato de que, no mundo de hoje, essa diferença de pontos de vista existe entre nós."

Não importa o quão determinado estivesse alguém em divergir do orador, uma declaração dessas tende a convencer que este estava usando de imparcialidade.

Qual teria sido o resultado se o primeiro-ministro Macmillan tivesse procurado, desde o início, ressaltar a diferença de políticas em lugar de destacar o terreno de concordância comum? O esclarecido livro do Prof. James Harvey Robinson, *The Mind in the Making*, dá a resposta psicológica a essa pergunta:

> Verificamos, por vezes, que mudamos de ideia sem qualquer resistência ou emoção profunda, mas, se nos dizem que estamos errados, ressentimo-nos da imputação e endurecemos os nossos corações. Somos incrivelmente descuidados na formação de nossas convicções, mas nos encontramos tomados por uma ilícita paixão por elas quando alguém se propõe a roubar-nos sua companhia. Obviamente, não são as ideias, em si, que nos são caras, mas a nossa autoestima que se sente ameaçada. A pequenina palavra *meu* é a mais importante nos assuntos humanos e lidar apropriadamente com ela é o começo da sabedoria. Ela tem a mesma força quer se trate do *meu* jantar, do

meu cão, do *meu* lar, do *meu* credo religioso, do *meu* país ou do *meu* Deus. Nós não somente nos ressentimos da imputação de que o nosso relógio não está certo ou de que o nosso carro está cheio de ruídos, mas também de que a nossa concepção sobre os canais de Marte ou nossa pronúncia da palavra "Epicteto", ou o valor medicinal que emprestamos à salicilina, ou a data que atribuímos a Sargão I tenham de ser revistos... Gostamos de continuar a acreditar naquilo que estamos acostumados a aceitar como verdadeiro, e o ressentimento suscitado quando é lançada dúvida sobre nossas convicções nos leva a procurar todas as desculpas possíveis para nos apegarmos a elas. O resultado é que a maior parte daquilo que chamamos de pensamento racional consiste em encontrar argumentos para continuar a acreditar no que já acreditamos.

3. FALE COM ENTUSIASMO CONTAGIANTE

Ideias contraditórias têm muito menos probabilidade de surgir nas mentes dos ouvintes quando o orador apresenta suas próprias ideias com paixão e entusiasmo contagiante. Emprego a palavra "contagiante" porque entusiasmo é exatamente isso. Ele derruba todas as ideias opostas e negativas. Quando o seu objetivo for convencer, lembre-se de que é mais proveitoso suscitar emoções do que fazer surgir ideias. As emoções são mais poderosas do que as frias ideias. Para suscitar emoções é necessário que seja intensamente sincero. Não importa que frases bonitas possa alguém vocalizar, não importa os exemplos que possa reunir, não importa a harmonia de sua voz e a graça de seus gestos; se não falar sinceramente, tudo isso não passará de adereços ocos e artificiais. Se você quer impressionar um público, impressione-se primeiro. Seu espírito, brilhando através de seus olhos, irradiando-se através de sua voz e proclamando-se através de sua atitude se comunicará com os seus ouvintes.

Toda as vezes em que você falar, e especialmente quando o seu objetivo confesso for convencer, tudo o que você fizer determinará a atitude de seus ouvintes. Se você não tiver entusiasmo, eles não o terão também, se você se mostrar petulante e antagônico, eles também se mostrarão. "Quando a congregação cai no sono", escreveu Henry Ward Beecher, "há apenas uma coisa a fazer: dar umas bofetadas no pastor para acordá-lo."

Fui, certa vez, um dos três juízes convocados para a outorga da medalha Curtis na Universidade Colúmbia. Havia meia dúzia de diplomandos, todos eles cuidadosamente treinados e ansiosos por fazer uma boa apresentação. No entanto — apenas com uma única exceção —, aquilo pelo que de fato estavam se esforçando era a conquista da medalha. Mostravam pouco ou nenhum desejo de convencer.

Haviam escolhido tópicos que lhes permitiam bom desempenho oratório. Não tinham interesse pessoal profundo nos argumentos que apresentavam. As sucessivas orações eram, meramente, exercícios da arte de pronunciar palavras.

A exceção foi um príncipe zulu. Ele havia escolhido como tema "A contribuição da África à civilização moderna". Em cada uma de suas palavras, imprimiu intenso sentimento. Sua fala não foi um mero exercício; era algo vivo, nascido da convicção e do entusiasmo. O príncipe falou como um representante de seu povo, de seu continente; com sabedoria, personalidade e boa vontade, ele nos falou sobre as esperanças de seu povo e apelou para a nossa compreensão.

Concedemos-lhe a medalha, conquanto ele possivelmente não fosse mais habilidoso na arte de falar em público do que dois ou três de seus competidores. O que os juízes reconheceram foi que a sua fala dispunha da chama verdadeira da sinceridade; ela queimava de tão verdadeira. As outras falas eram apenas como lamparinas bruxuleantes.

O príncipe havia aprendido a seu próprio modo, em uma terra distante, que não se pode projetar a própria personalidade em uma fala dirigida a outras pessoas pelo uso exclusivo da razão; é necessário revelar a essas pessoas o quão profundamente nós mesmos acreditamos naquilo que estamos dizendo.

4. DEMONSTRE RESPEITO E AFEIÇÃO PELO SEU PÚBLICO

"A personalidade humana não só demanda amor como respeito", afirmou o Dr. Norman Vicente Peale, como prelúdio, ao falar de um comediante profissional. Todo ser humano possui um sentimento íntimo de valor, de importância, de dignidade. Fira um desses sentimentos e você terá, para sempre, perdido essa pessoa. Assim quando você ama e respeita uma pessoa, você a está elevando e, por conseguinte, ela o amará e respeitará.

"Certa vez, participei de um programa com um palestrante. Eu não o conhecia bem, mas, desde aquela ocasião, li em algum lugar que ele estava passando por dificuldades, e acho que sei por quê.

Eu sentei ao seu lado em silêncio pouco antes da minha hora de falar.

— O senhor não está nervoso, está? — perguntou-me ele.

— Estou, sim — respondi. — Sempre fico um pouco nervoso antes de falar em público. Tenho um respeito profundo pelos ouvintes e a responsabilidade me deixa um pouco nervoso. Você não fica nervoso?

— Não — replicou. — Por que ficar nervoso? Os ouvintes acreditam em qualquer coisa. Não passam de um punhado de tolos.

— Não concordo — eu disse. — Eles são os seus juízes soberanos. Tenho um grande respeito pelos ouvintes."

Quando o Dr. Peale soube da decrescente popularidade desse homem, teve certeza de que a razão estava na atitude que ele adotara de antagonizar seu público em lugar de conquistá-lo.

Que lição prática para todos nós que desejamos transmitir alguma coisa a outras pessoas!

5. COMECE DE MANEIRA AMISTOSA

Um ateu desafiou, certa feita, William Paley a provar que sua afirmativa de que não existia um Ser Supremo estava errada. Com toda a calma, Paley pegou seu relógio, desmontou-o e falou: "Se eu lhe dissesse que todas estas alavancas, rodas e molas fizeram a si mesmas, se ajustaram por conta própria e se puseram a trabalhar por iniciativa própria, você não poria em dúvida minha inteligência? Claro que sim. No entanto, olhe para os astros. Cada um deles tem um curso e um movimento próprios e perfeitos — a Terra e os planetas em torno do Sol, e todo o resto que os acompanha a mais de um milhão de quilômetros por dia. Cada astro é como um outro sol com seu próprio conjunto de corpos celestes, percorrendo o espaço como nosso próprio sistema solar. Mesmo assim, não há colisões, nem perturbações, nem confusões. Tudo calmo, eficiente e controlado. Será mais fácil acreditar que tudo isso apenas aconteceu ou que foi alguém que o criou assim?"

Suponhamos que Paley tivesse respondido ao seu antagonista do seguinte modo: "Não existe Deus? Não seja idiota. Você não sabe o que está dizendo!" O que teria acontecido? Indubitavelmente um confronto verbal — uma guerra de palavras teria se seguido, tão inútil quanto violenta. O ateu teria se erguido com um zelo profano para lutar por suas convicções com toda a fúria de um gato selvagem. Por quê? Porque, como ressaltou o Prof. Overstreet, eram *suas* opiniões, e seu precioso e indispensável amor-próprio teria sido ameaçado; seu orgulho estaria em jogo.

Como o orgulho é uma característica essencialmente explosiva da natureza humana, não seria mais sábio fazer com que o orgulho de uma pessoa trabalhasse do nosso lado, em vez de trabalhar contra nós? Como? Mostrando, como fez Paley, que aquilo que apresentamos é bastante semelhante a uma outra coisa em que o nosso oponente acredita. Isso tornará mais fácil para o nosso oponente aceitar do que rejeitar aquilo que apresentamos. Evita que ideias opostas e contraditórias surjam na mente para arruinar o que dissemos.

Paley demonstrou sabedoria quanto ao funcionamento da mente humana. À maioria dos homens, no entanto, falta essa sutil habilidade de entrar na cidadela das crenças de uma pessoa de mãos dadas com ela. Os homens erroneamente imaginam que, para tomar a cidadela, devem atacá-la e submetê-la, através de um ataque frontal. O que acontece? No momento em que começam as hostilidades, a ponte levadiça é suspensa, os portões principais são fechados e trancados, os arqueiros em armaduras de metal empunham seus longos arcos — trava-se a batalha de palavras e começam as baixas. Tais lutas terminam sempre em empate; nenhum dos dois convence o outro de coisa alguma.

Esse método mais sensato que estou defendendo não é novo. Ele já foi usado por São Paulo, há muitos anos. São Paulo empregou-o em seu famoso pronunciamento dirigido aos atenienses na Colina de Marte — empregou-o com uma habilidade e *finesse* tais que continua a atrair nossa admiração 19 séculos decorridos. Ele era um homem de grande saber e, após sua conversão, a eloquência o transformou no principal defensor do cristianismo. Um dia ele chegou a Atenas — a Atenas pós-Péricles, uma cidade que já passara pelo ápice de sua glória e se encontrava então em declínio. Diz a Bíblia quanto a esse período: "Todos os atenienses e forasteiros que ali se encontravam não empregavam seu tempo em qualquer outra coisa senão em contar ou em ouvir novidades."

Nem rádios, nem telegramas, nem jornais; devia ser difícil aos atenienses daqueles dias ficar sabendo de algo novo todas as tardes. Então, chegou São Paulo. Aí estava algo novo. Juntaram-se em torno dele, entretidos, curiosos, interessados. Levando-o para o Areópago, disseram: "Poderemos nós saber o que é esta nova doutrina a que tu te referes? Trouxeste coisas estranhas aos nossos ouvidos; assim saberemos o que essas coisas significam."

Em outras palavras, estavam convidando São Paulo a falar, e ele não se fez de rogado. De fato, era para isso que tinha vindo. São Paulo deve ter se postado sobre uma pedra e, um pouco nervoso, como acontece com todos os bons oradores inicialmente, deve ter esfregado as mãos uma na outra e pigarreado antes de começar.

No entanto, ele não havia aprovado algumas das palavras com que os atenienses haviam lhe solicitado a fala. "Nova doutrina... coisas estranhas." Isso era veneno. Seria necessário erradicar essas ideias. Os atenienses eram terreno fértil para a propagação de opiniões contraditórias e conflitantes. São Paulo não desejava apresentar sua fé como algo estranho e exótico. Ele desejava amarrar, unir aquilo que apresentava a alguma coisa que os atenienses já aceitassem. Mas como? Pensou um momento; ocorreu-lhe um plano brilhante e São Paulo iniciou o seu imortal discurso: "Vós, homens de Atenas, sois muito supersticiosos, como posso perceber, em todas as coisas."

Em algumas traduções se lê: "Sois muito religiosos." Creio que essa tradução é melhor, mais acurada. Os atenienses cultuavam muitos deuses; eram muito religiosos. Orgulhavam-se disso. São Paulo elogiou-os, agradou-os. Os atenienses começaram a sentir afeto por ele. Uma das regras da arte de falar para impressionar é apoiar uma declaração com um exemplo. Foi o que ele fez: "Enquanto eu passeava e apreciava vossas devoções, encontrei um altar com a inscrição AO DEUS DESCONHECIDO."

Isso prova, como se pode ver, que os atenienses eram muito religiosos. Tinham tanto medo de ofender uma das divindades que ergueram um altar ao Deus Desconhecido, uma espécie de apólice de seguros, como cobertura de todas as ofensas inconscientes e descuidos não intencionais. São Paulo, mencionando esse altar específico, indicou que não estava procurando lisonjear; ele demonstrou que sua observação era uma apreciação genuína, fruto do que observara.

Chegamos agora ao máximo de judiciosidade de sua abertura: "Aquele a quem, assim, vós adorais ignorantemente determinou que eu vos procurasse."

"Nova doutrina... coisas estranhas?" Nada disso. São Paulo ali se encontrava apenas para explicar algumas verdades sobre um Deus que eles já adoravam sem que tivessem consciência disso. Unir algo em que os atenienses não acreditavam com coisas que eles já aceitavam apaixonadamente — essa foi a sua soberba técnica.

São Paulo apresentou sua doutrina de salvação e de ressurreição e citou algumas palavras dos próprios poetas gregos; e bastou. Alguns de seus ouvintes zombaram dele, mas outros disseram: "Estamos prontos a ouvir-te novamente sobre esse assunto."

Nosso desafio ao falar para convencer ou impressionar outras pessoas é justamente este: implantar uma ideia em suas mentes e evitar o surgimento de ideias opostas e contraditórias. Quem tiver habilidade em assim proceder terá o poder de falar e de influenciar outras pessoas. É nesse ponto, exatamente, em que serão úteis os princípios do meu livro *Como Fazer Amigos e Influenciar Pessoas*.

Quase diariamente, em nossas vidas, falamos com pessoas que divergem de nós em algum ponto. Você não está constantemente procurando convencer outras pessoas do seu modo de pensar em casa, no trabalho, nas situações sociais mais diversas? Será que você pode aprimorar suas técnicas? Como você começa? Mostrando o tato de Lincoln e de Macmillan? Se assim o for, você é uma pessoa de rara diplomacia e extraordinária sensatez. Vale a pena lembrar as palavras de Woodrow Wilson: "Se você chegar a mim e disser, 'Vamos nos sentar e conversar e, se divergirmos um do outro, procurar saber por que, quais os pontos em que discordamos', nós, em pouco tempo, verificaremos que não nos encontramos assim tão afastados um do outro, que os pontos dos quais divergimos são poucos, e inúmeros são aqueles em que concordamos, e que, se tivermos paciência, sinceridade e desejo de caminharmos juntos, caminharemos juntos."

CAPÍTULO 10

A fala improvisada

Não há muito tempo, um grupo de homens de negócios e de funcionários do governo se reuniu na inauguração de um novo laboratório de uma empresa farmacêutica. Um de cada vez, meia dúzia de subordinados ao diretor de pesquisa se levantaram e falaram sobre o fascinante trabalho que vinha sendo realizado pelos químicos e biólogos. Estavam desenvolvendo novas vacinas contra doenças transmissíveis, novos antibióticos para combater infecções, novos tranquilizantes para aliviar as tensões. Os resultados de seus estudos, inicialmente com animais e depois com seres humanos, eram impressionantes.

— Isso é uma maravilha — comentou um dos funcionários do governo com o diretor de pesquisas. — Seus homens são realmente mágicos. Mas por que o senhor não está lá, falando também?

— Não consigo falar em público — respondeu tristemente o diretor de pesquisas.

Um pouco mais tarde, o presidente da empresa o apanhou de surpresa.

— Ainda não ouvimos o nosso diretor de pesquisas — disse ele. — Ele não gosta de fazer discursos formais. Mas vou lhe pedir que nos dirija algumas palavras.

Deu pena. O diretor se levantou e não conseguiu ir além de umas poucas frases. Desculpou-se por não dizer mais nada e essa foi toda a sua contribuição.

Lá estava ele, um homem brilhante em seu setor, tão desajeitado e confuso. Isso não era necessário. Ele poderia ter aprendido a improvisar uma fala em público. Nunca me deparei com membro algum de nossos cursos, sério e determinado, que não conseguisse aprendê-lo. No início, é necessário aquilo que faltava ao diretor de pesquisas — a resoluta e brava rejeição a uma atitude derrotista. Depois, talvez por um bom tempo, será necessária uma determinação inabalável a cumprir a tarefa, não importa o quão dura seja ela.

"Eu poderia falar se tivesse preparado e treinado minhas palavras", poderá você dizer "Entretanto, sinto-me perdido e não encontro palavras se me pedem para falar quando não estou preparado para fazê-lo."

A capacidade de uma pessoa em resumir os pensamentos e falar de improviso é mais importante mesmo, sob alguns aspectos, do que a capacidade de falar apenas depois de longa e laboriosa preparação. As demandas do comércio moderno e a casualidade corrente com que a moderna comunicação oral é levada a efeito tornam imperativa a necessidade de termos capacidade de mobilizar nossos pensamentos rapidamente e verbalizá-los fluentemente. Muitas das decisões que, hoje em dia, afetam as indústrias e o governo são tomadas não por um homem, mas em volta de uma mesa de conferências. O indivíduo ainda tem voz, mas ela precisa ser infalivelmente verbalizada nas reuniões de conselho. É então que a capacidade de falar de improviso toma vida e produz resultados.

1. PRATIQUE FALAR DE IMPROVISO

Qualquer pessoa minimamente inteligente, que possua uma dose razoável de autocontrole, pode proferir um aceitável, muitas vezes brilhante, discurso de improviso — o que nada mais é que a fala improvisada, sem preparo. Há inúmeras maneiras pelas quais você poderá melhorar sua capacidade de se expressar fluentemente quando chamado, de repente, a proferir algumas palavras. Um dos métodos é utilizar-se de um artifício usado por alguns artistas de cinema famosos.

Anos atrás, Douglas Fairbanks escreveu um artigo para a *American Magazine* em que descreveu um jogo engenhoso a que ele, Charlie Chaplin e Mary Pickford se dedicaram quase todas as noites, durante dois anos. Era mais do que um jogo. Era a prática da mais difícil de todas as artes faladas — a arte de falar espontaneamente. De acordo com o que Fairbanks escreveu, o "jogo" era assim:

> Cada um de nós apresenta um tema, escrevendo-o em uma tira de papel. Em seguida, os papéis são dobrados e misturados. Um de nós tira. Imediatamente deve se levantar e falar durante sessenta segundos sobre o assunto sorteado. Nunca usamos o mesmo tema duas vezes. Uma noite, coube-me falar sobre "abajures". Se você acha que é fácil, tente. De qualquer modo, consegui fazê-lo.
>
> O ponto principal, porém, é que nós três melhoramos depois que iniciamos o jogo. Sabemos uma porção de coisas a mais sobre uma variedade de assuntos. Mas, melhor ainda, estamos aprendendo a reunir nossos conhecimentos e ideias sobre qualquer tópico sem aviso prévio. Estamos aprendendo a falar de improviso.

Várias vezes, durante meus cursos, os membros das turmas são solicitados a falar de improviso. Uma longa experiência me ensinou que esse tipo de prática produz duas coisas: (1) prova aos alunos que eles são capazes de articular seus pensamentos sob pressão, e (2) a experiência os torna muito mais seguros e confiantes quando estão proferindo discursos preparados. Eles percebem que, se o pior acontecer e experimentarem um bloqueio mental ao proferirem o seu discurso preparado, ainda assim podem falar inteligentemente à base de improviso, até que consigam voltar aos trilhos.

Assim, uma vez ou outra, os membros da classe ouvem "esta noite, cada um de vocês irá receber um assunto diferente, sobre o qual discorrer. Vocês não saberão qual é o tema senão quando chegar sua hora de falar. Boa sorte!"

O que acontece? Um contador verifica que é chamado para falar sobre propaganda. Um corretor de anúncios tem que falar sobre jardins de infância. O tópico de um professor pode se referir a assuntos bancários e o de um bancário dizer respeito a temas escolares. Um escriturário pode ver-se obrigado a falar sobre produção, enquanto a um técnico em produção pode ser pedido que fale sobre transportes.

Eles abaixam a cabeça e desistem? Nunca! Eles não fingem ser autoridades no assunto. Reviram o tema a fim de preenchê-lo com conhecimento que lhes seja familiar... Em seus primeiros esforços, pode ser que não consigam desenvolver bem suas ideias. Mas, de qualquer modo, *levantam e falam*. Para uns é fácil, para outros é difícil, mas não desistem; todos verificam que podem sair-se muito melhor do que se julgariam capazes. Para eles isso é empolgante. Eles percebem ser capazes de desenvolver uma habilidade de que não acreditavam dispor.

Creio que, se os meus alunos podem fazer isso, qualquer pessoa também poderá — com energia e confiança — e que, quanto mais alguém procurar fazê-lo, tanto mais fácil isso se tornará.

Outro método que emprego para treinar pessoas a pensarem rápido é o encadeamento técnico do falar de improviso. Essa é uma parte estimulante das sessões de nossas turmas. Um aluno é solicitado a começar uma história nos termos mais fantásticos que ele for capaz de inventar. Por exemplo, ele poderá dizer "outro dia, quando vinha pilotando o meu helicóptero, notei a aproximação de um enxame de discos voadores e comecei a descer. Entretanto, um homenzinho no disco mais próximo começou a abrir fogo. Eu..."

Nesse ponto, a campainha soa indicando o fim do tempo do orador e o aluno seguinte deve prosseguir a história. Após todos os membros da classe terem oferecido sua contribuição, a ação pode terminar nos canais de Marte ou nos saguões do Congresso.

Esse método de desenvolver a habilidade de falar sem preparação constitui um admirável artifício de treinamento. Quanto mais prática tiver uma pessoa, mais capacitada estará para enfrentar situações que podem surgir quando ela tiver que falar "para valer" em sua vida profissional e social.

2. ESTEJA MENTALMENTE PREPARADO PARA FALAR DE IMPROVISO

Quando você é chamado para falar sem preparação, espera-se, normalmente, que você pronuncie algumas palavras sobre um assunto a respeito do qual pode falar com autoridade. O problema, então, é o de enfrentar a situação de falar e decidir o que exatamente você deseja abordar no curto tempo que tem disponível. Um dos melhores meios de se tornar perito nesse campo é preparar-se mentalmente para essas situações. Quando você se encontrar em uma reunião, pergunte constantemente a si mesmo o que diria naquele momento, se fosse convidado a falar. Qual aspecto do assunto seria mais apropriado para abordar dessa vez? Como você expressaria sua aprovação ou sua discordância a respeito das propostas que estão sendo lançadas à mesa?

Assim, o primeiro conselho que eu ofereço é este: condicione-se mentalmente para falar de improviso, em todas as ocasiões.

Para isso é necessário reflexão de sua parte, e pensar é, no mundo, a coisa mais difícil a ser feita. Estou certo, porém, de que pessoa alguma jamais granjeou a reputação de bom orador de improviso se não se houver preparado a si mesmo, devotando horas de análise a todas as situações públicas de que foi participante. Assim como o piloto de uma empresa aérea se prepara para agir com fria precisão em uma emergência propondo a si mesmo problemas que podem surgir a qualquer momento, o homem que brilha como orador de improviso se prepara formulando inúmeros discursos que jamais serão pronunciados. Tais discursos não são realmente "de improviso", e, sim, discursos com uma preparação geral.

Uma vez que já tem conhecimento prévio do tema, seu desafio é apenas se organizar para fazer face ao tempo e à ocasião. Como orador de improviso, você falará apenas por um tempo curto. Decida que aspecto do seu tópico é adequado à situação. Não se desculpe por não ter se preparado. Isso é exatamente o que esperam. Entre em seu tópico logo que possível, senão imediatamente, e, por favor, siga este conselho.

3. CITE UM EXEMPLO IMEDIATAMENTE

Por quê? Por três razões: (1) Você se livrará de imediato da necessidade de pensar demais sobre sua próxima frase, pois as experiências são facilmente narráveis, mesmo em situações de improviso. (2) Você entrará no ritmo da fala e as suas primeiras manifestações de nervosismo desaparecerão, dando-lhe a oportunidade de aquecer o seu assunto. (3) Você logo atrairá a atenção do público. Como foi ressaltado no Capítulo 7, o exemplo baseado em um incidente é um método seguro para atrair atenção imediatamente.

Um público absorvido no aspecto humano do seu exemplo lhe dará confiança quando você dela mais necessita — durante os primeiros momentos de sua fala. A comunicação é um processo de dois sentidos; o orador que imediatamente consegue atrair atenção sabe disto. Enquanto ele observa as forças receptivas e percebe o brilho da expectativa pairar como uma corrente elétrica sobre as cabeças de seus ouvintes, sente-se desafiado a prosseguir, a fazer o melhor que pode, a responder. A harmonia, dessa forma estabelecida entre público e orador, é a chave para todas as falas bem-sucedidas — sem ela, é impossível uma verdadeira comunicação. Aí está por que insisto em que você comece com um exemplo, especialmente quando é convidado de surpresa a proferir algumas palavras.

4. FALE COM ANIMAÇÃO E FIRMEZA

Como já foi dito inúmeras vezes neste livro, se você falar com energia e entusiasmo, sua animação externa terá um efeito benéfico sobre o seu processo mental. Já terá você visto, em um grupo que conversa, um homem começar de repente a gesticular enquanto fala? Não tardará a que ele esteja falando fluentemente, ou até com primor, e começando a atrair um grupo de ansiosos ouvintes. É muito íntima a relação entre a atividade física e a mental. Nós empregamos as mesmas palavras para descrever operações manuais e operações mentais; por exemplo, dizemos "pegamos uma ideia" ou "agarramo-nos a um pensamento". Uma vez que o nosso corpo esteja predisposto e animado, como ressaltou William James, não tardará a que tenhamos nossa mente funcionando em ritmo acelerado. Daí o meu conselho: lance-se de corpo e alma à sua fala e você estará um passo mais próximo de garantir o seu êxito como orador de improviso.

5. USE O PRINCÍPIO DO "AQUI E AGORA"

Chegará a época em que alguém baterá em seu ombro e perguntará "Que tal umas palavras?" Ou isso poderá vir sem aviso prévio. Você está tranquilo, entretendo-se com os comentários do mestre de cerimônias e, de repente, percebe que ele está falando a seu respeito. Todos se voltam à sua direção e, antes que você se dê conta, está sendo apresentado como o orador que se fará ouvir.

Nesse tipo de situação, sua mente estará pronta para meter o pé, como o famoso embora desnorteado cavaleiro de Stephen Leacock, que montou seu cavalo e "saiu correndo em todas as direções". Agora, mais do que nunca, é a hora de manter a calma. Você poderá fazer uma pausa e respirar enquanto se dirige ao presidente. Depois disso, o melhor é ficar próximo aos ouvintes enquanto fala. O público está interessado em si mesmo e naquilo que está fazendo.

Assim, há três fontes das quais você poderá colher ideias para uma fala de improviso.

Primeiro — o próprio público. Lembre-se disso, rogo-lhe, para falar com facilidade. Fale sobre os seus ouvintes, quem são e o que estão fazendo, especialmente que benefícios estão eles trazendo para a comunidade ou para a humanidade. Use um exemplo específico.

Segundo — a ocasião. Certamente você poderá tratar das circunstâncias que levaram àquele momento. É um aniversário, uma homenagem, uma reunião anual, uma data patriótica ou política?

Finalmente — se você tiver sido um ouvinte atento, poderá expressar sua satisfação a respeito de algo específico que outro orador tenha dito antes e discorrer sobre isso. Os discursos de improviso de maior êxito são justamente aqueles proferidos realmente de improviso. Eles exprimem coisas que o orador sente em seu coração sobre o público e a ocasião. Eles se ajustam à situação como uma mão à luva. São feitos sob medida para a ocasião e somente para essa ocasião. Aí está onde reside o seu sucesso: florescem no momento e, então, como botões de rosas raras, desaparecem do cenário. No entanto, o prazer de que desfruta o seu público continuará vivo e, mais cedo do que supõe, você começará a ser considerado um orador de improviso.

6. NÃO FALE DE IMPROVISO — APRESENTE UMA FALA DE IMPROVISO

Há uma diferença, como se infere da sugestão acima. Não é bastante divagar e atar uma série de nonadas desconexas a uma frágil linha que não levará a lugar algum. É necessário que se mantenham as ideias logicamente grupadas em torno de um pensamento central que bem pode ser o ponto que você pretende levar a bom termo. Seus exemplos devem ser coerentes com a sua ideia central. Mais uma vez, se você falar com entusiasmo, verificará que aquilo que fala de improviso tem uma força e uma vitalidade de que não dispõem as suas falas preparadas.

Você pode se tornar um competente orador de improviso se levar em consideração algumas das sugestões feitas neste capítulo. Você pode pôr em prática as técnicas de salas de aula explanadas na primeira parte deste capítulo.

Às vésperas de uma reunião, você pode fazer um planejamento preliminar e então conservar-se atento à possibilidade de ser chamado a falar a qualquer momento. Se você julga que poderá ser chamado a contribuir com seu comentário ou sugestões, dedique cuidadosa atenção aos outros oradores. Procure estar pronto para condensar suas ideias em poucas palavras. Quando chegar o momento, diga o que tem em mente da forma mais simples possível. Suas opiniões foram pedidas. Apresente-as de maneira breve e torne a sentar-se.

Norman Bel-Geddes, arquiteto e desenhista industrial, costumava dizer que não era capaz de pôr os seus pensamentos em palavras a não ser que se dirigisse a outras pessoas. Caminhando para cá e para lá em seu escritório, enquanto falava com os seus colegas a respeito de complexos planos para edificações ou exposições, era quando estava mais à vontade. Ele tinha que aprender a falar quando estivesse sentado e, é claro, aprendeu.

Com quase todos nós é o inverso; temos que aprender a falar em público, e é claro que podemos aprender. O principal segredo reside em dar a largada — proferir uma oração curta e depois outra e mais outra, e outra mais.

Verificaremos que cada fala se torna mais fácil que a anterior. Cada uma delas será melhor do que a antecedente. Perceberemos, por fim, que falar de improviso a um grupo é meramente a mesma coisa que fazemos quando conversamos com nossos amigos em nossa sala de estar.

RECAPITULAÇÃO DA TERCEIRA PARTE

O objetivo das falas preparadas e de improviso

Capítulo 7. Pronunciamentos curtos para conduzir à ação

1. Apresente um exemplo próprio, um incidente de sua vida
   — Monte o seu exemplo em cima de uma única experiência pessoal
   — Comece sua fala com um detalhe de seu exemplo
   — Cite em seu exemplo os detalhes relevantes
   — Reviva sua experiência enquanto a relata

2. Apresente o seu objetivo, aquilo que você deseja que o público faça
   — Apresente o objetivo de forma breve e específica
   — Torne o objetivo fácil de execução pelos ouvintes
   — Apresente o objetivo com firmeza e convicção

3. Cite a razão ou benefício que o público pode esperar
   — Assegure-se de que a razão esteja relacionada com o exemplo
   — Assegure-se de que destaca uma razão, e apenas uma

Capítulo 8. A fala informativa

1. Restrinja o seu assunto, de modo a respeitar o tempo à sua disposição
2. Organize suas ideias em sequência
3. Enumere seus pontos à medida que os apresenta
4. Compare o desconhecido com o que é familiar
   — Transforme o fato em imagem
   — Evite termos técnicos
5. Empregue meios de auxílio visual

Capítulo 9. A fala para convencer

1. Conquiste a confiança fazendo-se dela merecedor
2. Obtenha uma resposta positiva
3. Fale com entusiasmo contagiante
4. Demonstre respeito e afeição pelo seu público
5. Comece de maneira amistosa

Capítulo 10. A fala improvisada

1. Pratique falar de improviso
2. Esteja mentalmente preparado para falar de improviso
3. Cite um exemplo imediatamente
4. Fale com animação e firmeza
5. Use o princípio do "aqui e agora"
6. Não fale de improviso — Apresente uma fala de improviso

QUARTA PARTE

A arte da comunicação

Esta parte é inteiramente devotada à fala propriamente dita.

Aqui, novamente, a ênfase é dada aos fundamentos da boa oratória, sobre a qual falou-se na primeira parte deste livro. A expressividade é o resultado de um profundo engajamento com o tema da fala e do desejo sincero de compartilhar sua mensagem com o público. Somente assim o pronunciamento será espontâneo e natural.

CAPÍTULO 11

Fazendo o pronunciamento

Você acreditaria? Há somente quatro formas através das quais temos contato com o mundo. Nós somos avaliados e classificados de acordo com esses quatro contatos: o que fazemos, o que aparentamos, o que dizemos e como dizemos. Este capítulo tratará do último desses aspectos — como dizemos.

Quando comecei a dar aulas sobre a arte de falar em público, eu dedicava grande parte do tempo ao emprego de exercícios vocais, a fim de desenvolver a ressonância, aumentar o alcance da voz e melhorar a dicção. Não se passou muito tempo, porém, até que eu começasse a perceber a completa futilidade de ensinar a adultos como projetar suas vozes nos seios maxilares superiores e como formar vogais "líquidas". Isso tudo é muito bom para aqueles que dedicam três ou quatro anos a se aperfeiçoarem na arte da elocução verbal. Cheguei à conclusão de que os meus alunos teriam de se virar com os recursos vocais com que tinham nascido. Verifiquei que, se investisse o tempo e a energia que anteriormente devotava a ajudar os membros da classe a "respirar diafragmaticamente" em objetivos muito mais importantes, como libertá-los de suas inibições e de sua relutância em falar sem continência, eu obteria resultados mais rápidos e mais duradouros, e realmente surpreendentes. Agradeço a Deus por ter percebido isso.

1. SAIA DA SUA CONCHA DE ACANHAMENTO

Em meu curso há várias aulas cujo objetivo é a libertação de adultos completamente retraídos e tensos. Coloco-me de joelhos, literalmente, para implorar aos meus alunos que saiam de suas conchas e descubram por si mesmos que o mundo os acolherá cordialmente quando fizerem isso. Dá trabalho, admito, mas é recompensador. Do mesmo modo que o marechal Foch se referiu à arte da guerra, "é bastante simples em sua concepção, mas, infelizmente, complicado em sua execução". O maior empecilho, naturalmente, é a rigidez, não somente física como mental, uma espécie de enrijecimento das ideias que ocorre à medida que se envelhece.

Não é fácil ser natural na frente das pessoas. Os atores sabem disso. Quando você era uma criança, digamos, de quatro anos de idade, poderia provavelmente subir a um palco e falar naturalmente para uma plateia. Mas aos 24 ou 44 anos, o que acontece quando você sobe a uma tribuna e começa a falar? Você mantém aquela naturalidade que possuía aos quatro anos? Talvez, mas as chances são que você se tornará duro, estaqueado e mecânico e voltará à sua concha como um cágado à carapaça.

O desafio de ensinar ou treinar adultos a falar em público não está no desenvolvimento de novas qualidades; é, amplamente, uma questão de eliminar impedimentos, de fazer as pessoas falarem com a mesma naturalidade com que se defenderiam se alguém as agredisse.

Centenas de vezes interrompo oradores no meio de suas falas e lhes imploro que "falem como seres humanos". Centenas de noites tenho chegado em casa mentalmente fatigado e nervoso por procurar ensinar os meus alunos a falarem naturalmente. Acredite, não é tão fácil como parece.

Em uma das aulas do meu curso, peço à classe que encene trechos de diálogos, alguns dos quais com gírias. Peço-lhes que se entreguem a esses dramáticos episódios com tudo. Quando o fazem, eles descobrem, para sua surpresa, ainda que possam ter passado vergonha, que não se sentiram mal enquanto o faziam. A classe também fica surpresa com a impressionante habilidade de seus colegas na encenação. Meu ponto é que, uma vez que consiga manter-se calmo na presença de um grupo, você, provavelmente, não mais se sentirá acanhado a expressar suas opiniões em ocasiões comuns e cotidianas, perante uma pessoa ou um grupo.

A repentina liberdade que você sente é como a de um pássaro batendo asas ao ser libertado de uma gaiola. Você percebe por que as pessoas vão ao teatro e ao cinema, em grandes números — porque lá veem os seus semelhantes, os seres humanos, atuarem com pouca ou nenhuma inibição; é lá que o público vê pessoas exibindo suas emoções como as roupas que estão vestindo.

2. NÃO PROCURE IMITAR OS OUTROS. SEJA VOCÊ MESMO

Todos nós admiramos oradores que falam teatralmente, que não têm medo de se expressar de maneira única, particular e imaginativa ao público.

Pouco depois da Primeira Guerra Mundial, conheci dois irmãos em Londres, *Sir* Ross e *Sir* Keith Smith. Eles acabavam de realizar o primeiro voo entre Londres e Austrália, conquistando um prêmio de cinquenta mil dólares oferecido pelo governo australiano. Haviam conquistado a admiração de todo o Império Britânico e tinham sido nomeados cavaleiros pelo Rei.

O capitão Hurley, conhecido fotógrafo cênico, havia feito com eles uma parte da viagem, filmando-a; eu os ajudei a preparar uma palestra ilustrada sobre a viagem aérea e treinei-os a proferi-la. Durante meses, eles apresentaram suas palestras duas vezes por dia, no Philarmonic Hall, em Londres, um deles falando à tarde e o outro, à noite.

Os dois haviam tido identicamente a mesma experiência, haviam estado sentados lado a lado ao voarem sobre metade do mundo e proteriam a mesma palestra, quase palavra por palavra. Mesmo assim, de alguma forma, as duas apresentações não pareciam absolutamente o mesmo discurso.

Há alguma coisa valiosa em uma fala além de meras palavras. É o sabor com que são proferidas. Não é tanto aquilo que se diz, mas a forma como se diz.

Brulloff, grande pintor russo, certa vez corrigiu o estudo de um de seus alunos. O aluno olhou surpreso para a pintura modificada e exclamou: "O senhor alterou pouquíssima coisa, mas ficou completamente diferente!" Brulloff respondeu: "A arte está nos pequenos detalhes." Isso é tão verdadeiro com relação à oratória como a respeito da pintura e das composições de Paderewski.

A mesma coisa é verdadeira no que diz respeito à palavra. De acordo com um velho ditado do Parlamento Inglês, tudo depende da maneira como alguém fala e não do assunto em si. Foi o que já disse Quintiliano, há muitos anos, quando a Inglaterra era uma das longínquas colônias de Roma.

"Todos os Fords são exatamente semelhantes", costumava dizer o seu fabricante, mas não há dois homens exatamente semelhantes. Toda vida que surge é uma coisa nova sob o sol; não existe, nunca existiu e jamais existirá alguém inteiramente igual. Um jovem deve adquirir essa ideia a seu próprio respeito; ele deve procurar a centelha única de individualidade que o faz diferente de seus companheiros e desenvolvê-la ao máximo. A sociedade e as instituições de ensino podem tentar apagar essa centelha, pois a tendência delas é ajustar-nos todos ao mesmo molde, mas, repito, não deixemos que a centelha se perca; ela é seu único e real diferencial.

Tudo isso é duplamente verdadeiro na arte de falar para convencer. Não existe no mundo qualquer outro ser humano que seja igual a você. Centenas de milhões de pessoas têm dois olhos, um nariz e uma boca; no entanto, nenhuma delas se parece exatamente com você e nenhuma delas têm exatamente suas características, seus métodos, suas inclinações. Poucas pessoas falam e se expressam exatamente como você quando fala naturalmente. Em outras palavras, você tem uma individualidade. Como orador, é o seu bem mais precioso. Agarre-se a ela. Desenvolva-a. É essa centelha que emprestará força e sinceridade à sua fala: "É seu único e real diferencial." Por favor, eu lhe peço, não tente se encaixar nos padrões e, desse modo, perder a sua individualidade.

3. CONVERSE COM O PÚBLICO

Permita que eu lhe dê um exemplo típico da maneira como milhares de pessoas falam. Uma vez passei alguns dias em Murren, uma aldeia nos Alpes Suíços. Eu estava hospedado em um hotel pertencente a uma organização de Londres, que, normalmente, trazia da Inglaterra, a cada semana, um ou dois conferencistas para falarem aos hóspedes. Um deles foi uma conhecida romancista inglesa, que falou sobre o futuro do romance. Ela admitiu não ter sido quem escolheu o tema, mas o pior de tudo é que não havia nada que ela pudesse dizer a esse respeito que fosse relevante. A romancista havia, apressadamente, rabiscado algumas anotações e permaneceu de pé perante a plateia ignorando seus ouvintes, sem sequer olhar para eles, olhando às vezes para suas anotações e outras para o chão. Ela se limitou a lançar palavras ao vazio, com um olhar distante e um tom de voz alheado.

Não foi nem um pouco como uma palestra. Foi um solilóquio. Sua fala não teve *nenhum senso de comunicação*. E o primeiro ponto essencial de uma boa fala é o *senso de comunicação*. O público deve sentir que há uma mensagem que está sendo transmitida diretamente do coração e da mente do orador ao seu coração e à sua mente. O tipo de palestra que acabo de descrever poderia muito bem ter sido proferida nas vastidões secas e arenosas do deserto de Gobi. De fato, a palestra da romancista parecia estar sendo pronunciada em um lugar desses, em vez de a um grupo de seres humanos vivos.

Uma enorme quantidade de incoerências e de asneiras tem sido escrita sobre como falar em público. Essa arte cercou-se de regras e ritos e tem se tornado misteriosa. A "elocução" à moda antiga, com frequência, torna-a ridícula. O homem de negócios, indo às bibliotecas ou às livrarias, tem encontrado volumes sobre "oratória" completamente inúteis. A despeito do progresso em outros sentidos, hoje em dia, em quase todos os estados da América, os colegiais ainda estão sendo obrigados a recitar a elaborada "oratória dos oradores" — algo tão obsoleto quanto uma pena de escrever.

Uma escola de oratória inteiramente nova tem aflorado desde os anos 20. Adaptando-se ao espírito dos novos tempos, ela é tão moderna e tão prática como o automóvel, direta como um telegrama e tão comercial quanto um anúncio de propaganda. As incandescências verbais, que já estiveram em moda, não podem ser toleradas pelos ouvintes de hoje.

O público, hoje em dia, não importa se trata-se de uma reunião de quinze pessoas em uma conferência de negócios ou milhares de pessoas num pavilhão, exige que o orador fale tão diretamente quanto o faria em um bate-papo e da mesma maneira como se dirigiria a um deles em uma conversa; da mesma *maneira,* porém, com mais firmeza ou energia. A fim de parecer natural, o orador tem de usar muito mais energia ao falar para quarenta pessoas do que ao falar para uma única, assim como a estátua no topo de um edifício tem de ser gigantesca para mostrar-se em proporções humanas a um observador que a contemple do solo.

Ao encerramento de uma conferência de Mark Twain, em um campo de mineração de Nevada, um velho minerador aproximou-se dele e perguntou: "É esse o seu tom de voz natural?"

É isso o que o público quer: "Seu tom de voz natural", mas com um pouco mais de intensidade.

A única forma de desenvolver essa naturalidade intensificada é a prática. Além disso, à medida que você praticar, cada vez que você perceber que está falando de forma rija, interrompa-se e pergunte a si mesmo, mentalmente: "Ei! O que está errado? Acorde! Seja humano!" Então, escolha mentalmente um dos ouvintes, alguém lá de trás ou a pessoa que lhe pareça menos atenta, e imagine-se *conversando* com ele. Esqueça-se de que há outros presentes. Concentre-se nessa determinada pessoa. Imagine que ela lhe fez uma pergunta e que você está respondendo a essa pergunta, sendo o *único* que pode respondê-la. Se vocês iniciassem uma conversa nesse momento, esse processo imediata e inevitavelmente tornaria a sua fala mais coloquial, mais natural, mais direta. Desse modo, imagine ser exatamente isso o que está acontecendo.

Você pode, inclusive, fazer perguntas e respondê-las. Por exemplo, no meio de sua fala você poderá dizer "os senhores querem saber em que argumentos baseio essa afirmação? Tenho fortes argumentos e aqui estão eles..." Em seguida você responde à pergunta. Você pode fazer isso com toda a naturalidade. Isso quebrará a monotonia da sua fala, tornando-a direta, agradável e coloquial.

Dirija-se à Câmara de Comércio exatamente da mesma maneira como se dirigiria a um João qualquer. O que é uma reunião da Câmara de Comércio, afinal de contas, senão uma série de Joãos? Os métodos que obtêm êxito desses homens individualmente não terão êxito com eles coletivamente?

Mais atrás, neste capítulo, descrevemos como uma romancista proferiu sua palestra. No mesmo salão de bailes em que ela falou, tivemos o prazer, algumas noites mais tarde, de ouvir *Sir* Oliver Lodge. Seu tema era "Átomos e Mundos". Lodge havia dedicado a esse assunto mais de meio século de reflexão e de estudo, de experiências e de investigação. Ele tinha algo que era essencialmente uma parte de seu coração, de sua mente e de sua vida, algo que ele desejava muito dizer. Lodge se esqueceu de que estava procurando fazer uma "palestra". Essa era a menor de suas preocupações. Estava interessado, apenas, em falar com os ouvintes sobre átomos, mas falar-lhes com precisão, lucidez e sentimento. *Sir* Oliver estava sinceramente procurando transmitir-nos o que ele sabia e fazer-nos sentir o que ele sentia.

Qual foi o resultado? Sua palestra foi notável. Teve encanto e força. Produziu uma profunda impressão. Ele se revelou um orador de capacidade fora do comum. Mesmo assim, estou certo de que ele não via a si mesmo sob essa luz. Estou certo também de que poucas pessoas ali presentes o tenham considerado, absolutamente, um "orador".

Se você falar em público de modo que os seus ouvintes suspeitem que você fez cursos de oratória, isso não será motivo de orgulho para seus professores, especialmente não a um professor dos meus cursos. O que o professor deseja é que você fale com uma naturalidade tão avivada que os ouvintes jamais sonharem que você tenha sido "formalmente treinado". Uma boa janela não chama atenção para si. Ela meramente deixa passar a luz. Com um bom orador se dá a mesma coisa. Ele fala com tanta naturalidade que seus ouvintes nunca notam sua habilidade para expressar-se: estão interessados somente no que ele tem a dizer.

4. PONHA SEU CORAÇÃO NAQUILO QUE DIZ

A sinceridade, o entusiasmo e a honestidade o ajudarão também. Quando alguém se encontra sob a influência desses sentimentos, seu verdadeiro eu vem à tona. As barreiras caem. O calor de suas emoções faz com que se dissolvam. Tal pessoa age e fala espontaneamente. Ela parece ter nascido para aquilo.

Assim, no fim das contas, a arte de falar bem diz respeito a algo que tem sido ressaltado repetidamente nestas páginas, isto é: *Ponha o coração naquilo que diz.*

"Nunca esquecerei", disse Dean Brown em suas conferências sobre Sermões, na Escola de Teologia de Yale, "a descrição feita por um amigo meu de um culto a que ele uma vez assistiu na cidade de Londres. O pregador era George MacDonald, que, para a aula sobre as Escrituras naquela manhã, leu o décimo primeiro capítulo da Epístola aos Hebreus. Quando chegou o momento do sermão, ele disse: 'Todos ouviram a respeito desses homens de fé. Não devo tentar explicar-lhes o que vem a ser a fé. Há professores de teologia que podem fazê-lo muito melhor do que eu. Estou aqui para ajudá-los a crer.' Seguiu-se uma manifestação simples, sincera e majestosa da própria fé do homem nessas realidades invisíveis e eternas, capaz de gerar a fé nas mentes e nos corações de todos os seus ouvintes. *Seu coração estava no que fazia, e o que proferia impressionava porque repousava sobre a beleza de sua própria vida interior.*"

"Seu coração estava no que dizia." Eis o segredo. Ainda assim, sei que conselhos desse tipo não são populares. Parecem vagos. Parecem indefinidos. As pessoas desejam regras perfeitamente seguras, algo definido, algo que possam pegar com as mãos, regras tão precisas como as instruções para conduzir um automóvel.

É isso o que as pessoas querem; é isso o que eu gostaria de lhes dar. Seria fácil para eles e fácil para mim. Existem regras para nos guiar, mas há uma única coisinha de errada a seu respeito: elas não dão certo. Elas tiram das palavras de um homem toda a naturalidade, toda a espontaneidade, toda a vida e toda a graça. Sei disso. Nos dias de minha juventude desperdicei grande dose de energia tentando colocá-las em prática. Elas não aparecem nestas páginas porque, como observou Josh Billings em uma de suas falas mais marcantes, "não há utilidade em saber tantas coisas que não são úteis".

Edmund Burke escreveu discursos tão soberbos em lógica, raciocínio e elaboração que, ainda hoje, são estudados como modelos clássicos de oratória nas universidades do país; mesmo assim, como orador, Burke foi um fracasso notório. Faltava-lhe a capacidade de proferir suas joias, de fazê-las interessantes e impressivas; por isso, era ele conhecido como "a sineta do jantar" da Câmara dos Comuns. Quando ele se punha de pé para falar, os demais membros tossiam e balançavam as pernas, cochilavam ou saíam do recinto em bandos.

Você pode atirar com toda a força um projétil de aço em um homem e nem sequer fazer uma mossa em sua roupa. Coloque, porém, pólvora por trás de uma vela de sebo e poderá conseguir com que ela atravesse uma tábua de pinho. Muitos discursos de vela de sebo com pólvora, lamento dizê-lo, causam mais impressão do que um discurso revestido de aço, sem força e sem animação para impulsioná-lo.

5. PRATIQUE PARA TORNAR SUA VOZ FORTE E FLEXÍVEL

Quando estamos de fato comunicando nossas ideias aos nossos ouvintes, fazemos uso de inúmeros elementos de variedade física e vocal. Encolhemos os ombros, mexemos os braços, erguemos as sobrancelhas, aumentamos o volume da voz, modificamos o tom e a inflexão desta e falamos depressa ou devagar, de acordo com o momento e com o conteúdo da fala. Vale a pena lembrar que tudo isso são efeitos e não causas. As variações ou modificações do tom se encontram sob a influência direta de nosso estado emocional e mental. Aí está por que é importante que tenhamos um tema que conhecemos e sobre o qual nos sintamos empolgados a falar. Aí está por que devemos estar ansiosos por partilhar tal questão com os nossos ouvintes.

Como quase todos nós, à medida que envelhecemos, perdemos a naturalidade e a espontaneidade, tendemos a incorrer em certas práticas de comunicação oral e física. Verificamos estar menos prontos a empregar gestos e animação; raramente elevamos ou baixamos nossa voz de um tom para outro. Em resumo, perdemos o frescor e a espontaneidade da verdadeira conversação. Podemos adquirir o hábito de falar depressa ou devagar demais, e nossa dicção, quando negligenciada, tende a tornar-se defeituosa e descuidada. Neste livro, você tem sido repetidamente aconselhado a agir com naturalidade e poderá pensar que, dessa forma, desculpo a má dicção e a apresentação monótona, desde que sejam naturais. De modo algum. O que quero dizer é que devemos ser naturais no sentido de que expressemos *nossas ideias* e que as expressemos com alma. Por outro lado, nenhum bom orador aceitará a si mesmo como incapaz de aumentar a amplitude de seu vocabulário, a riqueza de imagens e de dicção e a variedade e a força da expressão. Tais áreas são aquelas que todos os interessados no autoaperfeiçoamento procurarão melhorar.

    Uma excelente ideia é cada um procurar avaliar a si mesmo em termos de volume de voz, variação do tom e velocidade com que fala. Isso pode ser obtido com o auxílio de um gravador. Também pode ser útil ter um amigo que o ajude nessa avaliação. Se for possível a obtenção dos conselhos de um perito, tanto melhor. No entanto, isso deve ser posto em prática longe do público. Preocupar-se com a técnica quando se encontra na presença dos ouvintes será fatal para o objetivo de falar bem. Ao falar em público, entregue-se à sua fala, concentre todo o seu ser em provocar um impacto mental e emocional em seus ouvintes e, em nove dentre dez *chances*, você falará com mais ênfase e mais força do que jamais poderia obter dos livros.

RECAPITULAÇÃO DA QUARTA PARTE

A arte da comunicação

Capítulo 11. Fazendo o pronunciamento
1. Saia da sua concha de acanhamento
2. Não procure imitar os outros — Seja você mesmo
3. Converse com o público
4. Ponha seu coração naquilo que diz
5. Pratique para tornar sua voz forte e flexível

QUINTA PARTE
O desafio da boa oratória

Nesta parte, relacionamos os princípios e técnicas deste livro com o falar cotidiano, da conversação social aos pronunciamentos formais.

Presumamos, agora, que você está prestes a fazer um pronunciamento fora de uma situação de treinamento. Esse pronunciamento poderá ser de dois tipos: uma fala para introduzir outro orador ou uma fala mais longa. Por isso, incluímos um capítulo sobre palavras de apresentação e outro sobre a fala mais longa, da introdução à conclusão.

O capítulo final ressalta mais uma vez que os princípios deste livro são úteis tanto para o falar cotidiano como para o falar em público.

CAPÍTULO 12

Apresentando oradores, entregando e recebendo prêmios

Quando você é convidado a falar em público, poderá ser para a apresentação de um outro orador ou para fazer um discurso mais longo, com a finalidade de entreter, informar, convencer ou persuadir. Talvez você seja o mestre de cerimônias de uma organização sem fins lucrativos ou integrante de um clube feminino e se defronte com a tarefa de apresentar o orador principal no próximo encontro, ou talvez esteja se preparando para o dia em que terá de dirigir a palavra à Associação de Pais e Professores da escola dos seus filhos, ao seu grupo de vendas, a uma assembleia sindical ou a uma organização política. No Capítulo 13, são apresentadas sugestões sobre a preparação de falas longas, enquanto o presente capítulo o ajudará a preparar discursos de apresentação. Serão oferecidas, também, valiosas sugestões quanto à entrega e à aceitação de prêmios.

John Mason Brown, escritor e conferencista, cujas vigorosas conferências têm conquistado auditórios em todas as partes do país, estava falando, uma noite, com o homem que deveria apresentá-lo ao auditório.

"Não se preocupe com o que vai falar", disse o homem ao conferencista. "Fique à vontade. Eu não acredito em preparação de discursos.

Não. A preparação é contraproducente. Estraga o encanto da coisa, mata a alegria. Eu simplesmente espero a inspiração tomar conta de mim quando me ponho diante do auditório... e isso nunca falhou."

Essas reconfortantes palavras criaram em Brown a expectativa de uma ótima apresentação, como lembra ele em seu livro *Accustomed As I Am*. No entanto, quando o homem se levantou para apresentá-lo, suas palavras foram:

> Cavalheiros, atenção, por favor. Temos más notícias para os senhores esta noite. Queríamos que Isaac F. Marcosson fosse o conferencista de hoje, mas ele não pôde vir. Encontra-se doente (aplausos). Em seguida, convidamos o senador Bledridge... mas estava ocupado (aplausos). Finalmente, tentamos em vão conseguir a presença do Dr. Lloyd Grogan, de Kansas City, para vir falar para os senhores (aplausos). Assim, temos hoje John Mason Brown (silêncio).

John Mason Brown, relembrando esse desastre, disse apenas: "Pelo menos, meu amigo, aquele inspirado homem não errou o meu nome."

Pode ver-se, é claro, que esse homem, que tinha tanta segurança de que sua inspiração o levaria para a frente, não poderia ter se saído pior nem se o quisesse. Sua apresentação violou todos os deveres que tinha não só para com o orador que estava apresentando como também para o auditório que deveria ouvi-lo. Esses deveres não são muitos, mas são importantes, e é surpreendente notar quantos mestres de cerimônias não se dão conta disso.

As palavras de apresentação têm a mesma finalidade de uma apresentação social. São elas que unem o orador ao público, estabelecem uma atmosfera amistosa e criam um laço de interesse entre eles. Quem diz "Não há necessidade de se fazer um discurso, basta apresentar o orador" falta com a verdade. Nenhum discurso tende tanto ao desastre quanto uma fala de apresentação, talvez porque seja tida como sem importância por muitos mestres de cerimônias, a quem é confiada a tarefa de prepará-la e pronunciá-la.

Uma introdução — o vocábulo originou-se de duas palavras latinas, *intro,* para dentro, e *ducere,* conduzir — deve nos conduzir suficientemente para o interior do tópico, de modo a nos tornar desejosos de ouvi-lo ser discutido. Deve nos levar, também, para o interior de fatos relacionados com o orador, fatos que demonstrem sua aptidão para o debate do tópico em questão. Em outras palavras, uma introdução deve "vender" o tópico ao público e "vender-lhe" também o orador. Além disso, todas essas coisas devem ser feitas no mais breve tempo possível.

Isso é como deveria ser. Mas é assim? Nove em dez vezes, não — enfaticamente, não. As apresentações, em sua maioria, são malfeitas, fracas e indesculpavelmente inadequadas. Não precisam ser assim. Se quem faz a apresentação perceber a importância do seu papel e procurar desempenhá-lo da maneira correta, não tardará a se ver procurado como mestre de cerimônias.

Damos, a seguir, algumas sugestões que ajudarão na preparação de uma apresentação bem-sucedida.

1. PREPARE CUIDADOSAMENTE AQUILO QUE VAI DIZER

Ainda que a fala de apresentação seja curta, dificilmente excedendo um minuto, ela demanda uma preparação cuidadosa. Em primeiro lugar, há a necessidade de reunir os fatos. Esses fatos deverão ser extraídos de três pontos: o assunto sobre o qual vai falar o orador, as qualificações deste para falar sobre esse assunto e o nome do orador. Com frequência um quarto ponto se tornará patente: por que o assunto escolhido pelo orador é de especial interesse para o público.

Assegure-se de que conhece o título correto da conferência e algo sobre como o orador vai desenvolver seu tema. Não há nada mais vergonhoso do que o orador ter que objetar a apresentação declarando que tal parte dela está em desacordo com o seu ponto de vista sobre o assunto. Isso pode ser obviado desde que o apresentador saiba qual o tema do orador e se abstenha de procurar prever como o orador falará. No entanto, os deveres do apresentador exigem que ele cite corretamente o título da palestra e ressalte sua relevância com relação ao interesse do público. Se for possível, procure obter essa informação diretamente do orador. Se você, como apresentador, receber instruções de um terceiro, o organizador das palestras, por exemplo, procure obter as informações por escrito e confirme-as com o orador pouco antes da palestra.

Entretanto, talvez a maior parte de sua preparação diga respeito à obtenção dos fatos sobre as qualificações do orador. Em alguns casos será possível obtê-los de uma listagem precisa de suas atividades, no *Escavador* ou em outra plataforma semelhante, caso o seu orador seja bem conhecido no âmbito regional ou nacional. No nível local, pode-se apelar para o departamento de relações públicas ou à seção de pessoal da firma onde ele trabalha ou, em alguns casos, comprovar os dados junto a um amigo íntimo ou a um membro de sua família. A ideia principal é que os fatos de que dispuser sejam biograficamente corretos. As pessoas próximas ao orador ficarão felizes em fornecer o material de que você necessita.

É claro que dados em demasia se tornarão maçantes, especialmente quando a obtenção de um determinado título implica, necessariamente, a aquisição de títulos anteriores. Por exemplo, dizer que alguém é formado ou é mestre em Filosofia torna-se supérfluo, bastando dizer que é doutor em Filosofia, se for o caso. Semelhantemente, é melhor destacar os últimos e mais importantes empreendimentos de alguém do que perder tempo catalogando todas as funções que tenha exercido desde que terminou a universidade. Acima de tudo, não deixe de citar as mais destacadas realizações da carreira de uma pessoa, em vez de ater-se às menos importantes.

Por exemplo, ouvi um renomado locutor — um homem muito mais inteligente do que se mostrou — apresentar o poeta irlandês W. B. Yeats. Yeats deveria ler sua própria poesia. Três anos antes dessa ocasião, ele havia sido laureado com o Prêmio Nobel de Literatura, a mais alta honra que pode ser outorgada a um homem das letras. Tenho a certeza de que nem um décimo daquele auditório sabia do prêmio ou de sua significação. Ambos deveriam, sem dúvida, ter sido mencionados. Ambos deveriam ter sido citados, ainda que não se dissesse mais nada. No entanto, o que fez o mestre de cerimônias? Ignorou completamente esses fatos e vagueou pela mitologia e pela poesia grega.

Acima de tudo, assegure-se do nome do orador e comece, imediatamente, a familiarizar-se com sua enunciação certa. John Mason Brown observa que já foi apresentado como John Brown e até mesmo como John Smith Mason. Em seu delicioso ensaio, denominado *We Have With Us Tonight*, Stephen Leacock, destacado humorista canadense, cita uma introdução que dele fizeram, em que o apresentador disse:

> Muitos dentre nós aguardamos a vinda do Sr. Learoyd com a mais agradável ansiedade. Parece-nos, pela leitura de seus livros, que já o conhecemos como um velho amigo. De fato, creio não estar exagerando ao dizer ao Sr. Learoyd que o seu nome é, em nossa cidade, de longa data, um nome muito conhecido. Tenho um prazer muito, muito grande, em apresentar aos senhores... O Sr. Learoyd.

A principal finalidade de nossa pesquisa é o bom embasamento, somente assim a apresentação atingirá o seu objetivo — aumentar a atenção do público e torná-lo receptivo à fala do orador. O mestre de cerimônias que comparece a uma reunião mal preparado normalmente apresenta algo vago e soporífero, como neste caso:

> O nosso conferencista de hoje é conhecido em toda parte como autoridade em... em sua especialidade. Estamos interessados em ouvir o que ele tem a dizer a respeito desse tema, porque ele vem de... de longe. É com grande prazer que apresento... vamos ver... — oh, aqui está! — ... o Sr. Blank.

Empregando um pouco de tempo na preparação, podemos evitar a triste impressão causada não só ao orador como ao público.

2. SIGA A FÓRMULA T-I-O

Para a maioria das apresentações, a fórmula T-I-O serve como guia útil para a organização dos fatos que se devem coligir durante a pesquisa:

1. T é a letra do *tema*. Comece a sua apresentação enunciando exatamente o tema que o orador vai abordar.
2. I é a inicial de *importância*. Nesta fase é que o apresentador constrói uma ponte entre o tema e o interesse do público.
3. O refere-se ao *orador*. Nesta fase, são apresentadas as destacadas qualificações do orador, particularmente aquelas relacionadas com o seu tema. Finalmente pronuncia-se o nome dele, de forma distinta e clara.

Nessa fórmula, há muito espaço para a imaginação. A apresentação não precisa ser breve e seca. A seguir damos o exemplo de uma apresentação que seguiu a fórmula sem dar, absolutamente, a impressão de tê-la empregado. Foi feita por um editor da cidade de Nova York, Homer Thorne, ao apresentar o executivo da Companhia Telefônica de Nova York, George Wellbaum, a um grupo de jornalistas.

> O tópico do nosso conferencista é "O telefone está a seu serviço". Parece-me que um dos maiores mistérios do mundo — como o amor e a persistência de um hipista — é o mistério que tem lugar quando se faz uma chamada telefônica.
> Por que a ligação foi completada para um número errado? Por que, às vezes, se consegue uma ligação entre Califórnia e Nova York mais rapidamente do que uma chamada entre a sua cidade e outra logo ali do outro lado da colina? O nosso conferencista conhece a resposta a essas perguntas e a todas as outras a respeito do telefone. Durante vinte anos vem sendo sua função digerir toda sorte de detalhes relacionados com telefones e tornar esse assunto claro para

outras pessoas. Ele é o executivo de uma companhia telefônica que conquistou esse título através de seu trabalho.

O conferencista, agora, vai nos falar sobre os diferentes modos pelos quais a sua companhia nos serve. Se os senhores se sentem satisfeitos com relação aos serviços telefônicos de hoje, considerem-no como um santo protetor. Se, no entanto, estão aborrecidos com esses serviços, permitam que ele seja o porta-voz de sua defesa.

Senhoras e senhores, o vice-presidente da Companhia Telefônica de Nova York, Sr. George Wellbaum.

Observe a engenhosidade com que o apresentador desperta o interesse do público quanto ao telefone. Fazendo perguntas, excitou a curiosidade dos ouvintes e indicou que o conferencista responderia a essas perguntas e a quaisquer outras que o auditório fizesse.

Duvido que essa apresentação tenha sido escrita ou decorada. Mesmo no papel ela parece coloquial e natural. Uma apresentação não deve jamais ser memorizada. Cornelia Otis Skinner foi, certa ocasião, apresentada por uma mestra de cerimônias cujas palavras decoradas esqueceu assim que começou a fazer a apresentação. A apresentadora inspirou profundamente e disse: "Devido ao preço exorbitante do almirante Byrd, temos conosco, esta noite, a Srta. Cornelia Otis Skinner."

Na apresentação do Sr. Wellbaum, acima citada, não há chavões tais como: "tenho o grande prazer" ou "é para mim um privilégio apresentar-lhes". A melhor forma de apresentar um orador é dar o seu nome ou dizer "Apresento" e dar o seu nome.

Alguns apresentadores são culpados por falarem demais e tornarem o público impaciente. Outros preparam falas extravagantes a fim de impressionar o público e o orador com a importância da ocasião. Outros, ainda, incorrem no erro de se aventurarem em piadas prontas, algumas vezes de gosto duvidoso, ou lançam mão de um humor que realça ou deprecia a profissão do orador. Todas essas falhas devem ser evitadas pelo apresentador que deseja atingir os objetivos de uma apresentação correta.

Eis, a seguir, um outro exemplo de apresentação que segue fielmente a fórmula T-I-O, ainda que mantendo uma individualidade própria. Observem especialmente a maneira pela qual Edgar L. Schnadig mistura as três fases da fórmula ao apresentar o destacado editor e professor de ciências, Gerald Wendt:

"A ciência em nossos dias", tema de nosso conferencista, é um assunto sério. Faz-me lembrar o caso do paciente psicopata que sofria da alucinação de que tinha um gato em suas entranhas. Incapaz de convencê-lo do contrário, o psiquiatra simulou uma operação cirúrgica. Quando o homem voltou a si da anestesia, mostraram-lhe um gato preto e lhe disseram que seus problemas haviam acabado. "Desculpe-me, doutor", protestou o homem, "mas o gato que está me incomodando é cinzento."

Com a ciência, em nossos dias, se passa a mesma coisa. Saímos procurando um gato chamado U-235 e nos aparece uma ninhada de gatinhos chamados netúnio, plutônio, urânio 233 e outros nomes assim. Como o inverno de Chicago, os elementos têm uma força surpreendente. O alquimista do passado, o primeiro cientista nuclear, em seu leito de morte, implorava por um dia a mais para descobrir os segredos do Universo. Os cientistas de hoje produzem segredos com os quais o Universo jamais sonhou.

O nosso conferencista de hoje é alguém que conhece a ciência como ela é e como pode ser. Entre as funções que desempenhou, arrolam-se as de professor de química na Universidade de Chicago, reitor da Faculdade Estadual da Pennsylvania, diretor do instituto Batelle de Pesquisa Industrial, em Columbus, Ohio. Foi cientista a serviço do governo, editor e autor. Nasceu em Davenport, Iowa, e se diplomou pela Harvard. Completou seu treinamento na indústria bélica e viajou muito pela Europa.

Nosso conferencista é autor e editor de inúmeros livros didáticos sobre vários campos da ciência. Seu livro mais conhecido é *Science for the World of Tomorrow*, publicado quando ele era o diretor de ciências da Feira Mundial de Nova York. Como editor de conteúdo das revistas *Time*, *Life*, *Fortune* e *March of Time*, sua interpretação de notícias científicas conquistou um amplo círculo de leitores. *The Atomic Age*, de autoria do nosso conferencista, foi publicado dez dias depois de ser lançada a bomba sobre Hiroshima. Sua frase favorita é "O melhor ainda está por vir", e tem razão. Orgulho-me de apresentar, e os senhores terão prazer em ouvir, o diretor editorial de *Science Illustrated*, Dr. Gerald Wendt.

Não há muitos anos, era uma espécie de moda oratória elogiar excessivamente o orador na apresentação. Buquês de flores eram entregues ao orador pelo mestre de cerimônias. Não poucas vezes o pobre conferencista se via esmagado sob a pesada carga de elogios.

Tom Collins, popular humorista de Kansas City, Missouri, disse a Herbert Prochnow, autor de *The Toastmaster's Handbook*, que "é fatal para um orador que pretende fazer humor prometer aos ouvintes que não tardará muito até que estejam rolando de rir incontrolavelmente pelo chão. Quando um mestre de cerimônias começa a falar sobre *Os Trapalhões*, o melhor que você tem a fazer é sair de fininho e ir para casa, porque você está perdido".

Por outro lado, não deprecie. Stephen Leacock se recorda de uma ocasião em que teve de responder a observações introdutórias que terminavam da seguinte maneira:

> "Este é o primeiro de uma série de conferencistas que teremos neste inverno. A série anterior, como todos os senhores sabem, não foi um sucesso. De fato, ao terminarmos o ano, acusávamos um déficit. Assim, este ano estamos dando início a uma outra linha e procurando talentos mais baratos. Permitam-me apresentar o Sr. Leacock."

O comentário de Leacock é seco: "Imaginem só como se sente alguém ao ser arrastado para diante de um auditório tendo sido rotulado de 'talento mais barato.'"

3. SEJA ENTUSIÁSTICO

Ao apresentar outro orador, a atitude é tão importante quanto as palavras. O apresentador deve se mostrar amistoso e, em vez de dizer quão feliz se encontra, mostrar-se genuinamente alegre ao pronunciar as palavras de apresentação. Se o apresentador conseguir emprestar às suas palavras um sentido de condução a um clímax no final, quando o nome do orador for anunciado, a expectativa terá dominado o público, que aplaudirá o orador mais entusiasticamente. Essa demonstração de boa receptividade por parte do público, por sua vez, estimulará o orador a dar o melhor de si à sua parte.

Ao pronunciar o nome do conferencista, obrigatoriamente ao final da apresentação, convém lembrar as palavras *pare, separe* e *ataque*. Por *pare*, deve ser entendido que uma pequena pausa antes de ser anunciado o nome do orador proporcionará uma dose extra de expectativa; por *separe*, deve ser compreendido que o nome e o sobrenome devem ser separados por uma ligeira interrupção, de modo que o público consiga ouvir claramente o nome do orador; por *ataque*, entende-se que o nome deve ser citado com firmeza e vigor.

Há mais um cuidado: por favor, quando anunciar o nome do orador, não se volte para ele. Continue a olhar para o público, até que a última sílaba do nome tenha sido pronunciada. Somente *então* volte-se para o orador. Tenho visto inúmeros apresentadores proferirem belas palavras introdutórias que no fim são prejudicadas porque eles se voltam para o orador e pronunciam seu nome somente para o mesmo, deixando o público em completa ignorância quanto à sua identidade.

4. SEJA CORDIALMENTE SINCERO

Finalmente, certifique-se de ser sincero. Não se permita observações depreciativas ou humor negro. Uma apresentação que faz uso da ironia é frequentemente mal interpretada pelos ouvintes. Seja cordialmente sincero, pois você está em uma situação social que exige o mais elevado nível de *finesse* e tato. Pode ser que você tenha intimidade com o orador, mas o público, não, e algumas de suas observações, embora inocentes, podem ser mal interpretadas.

5. PREPARE COM CUIDADO SUA FALA DE APRESENTAÇÃO

"Tem-se provado que o mais profundo anseio do coração humano é o reconhecimento — a honra!"

Com essas palavras, a escritora Margery Wilson expressava um sentimento universal. Todos nós desejamos nos dar bem na vida. Desejamos ser bem-vistos e valorizados. O elogio de outrem, mesmo que não passe de uma palavra — que dirá um presente em uma ocasião formal —, eleva o espírito magicamente.

Althea Gibson, estrela do tênis, conseguiu do modo mais efetivo demonstrar esse "anseio do coração humano" dando à sua autobiografia o título de *I Wanted To Be Somebody* (Eu queria ser alguém).

Quando fazemos um discurso de apresentação, devemos assegurar ao apresentado que ele é de fato *alguém*; que obteve êxito em uma determinada área ou em seu empreendimento; que é digno de homenagem; que nos reunimos para tributar-lhe essa homenagem. O que tivermos a dizer deve ser breve, mas temos que dedicar às nossas palavras todo cuidado. Talvez elas não signifiquem muita coisa para aqueles acostumados a receber homenagens, mas para os menos afortunados poderão ser algo de que eles se lembrarão nitidamente pelo resto da vida.

Desse modo, devemos dedicar uma séria consideração à escolha de nossas palavras ao prestar uma homenagem. Eis uma fórmula consagrada:

1. Diga por que é concedida a distinção. Talvez seja por serviços prestados durante muito tempo ou por ter vencido um certame ou por única realização notável. Explique de modo simples e direto.
2. Relacione o interesse do grupo com a vida e as atividades do homenageado.
3 Diga o quanto a distinção é merecida e saliente a estima do grupo pelo homenageado.
4. Parabenize o homenageado e transmita-lhe os votos de felicidade de todos para o seu futuro.

A essa fala breve nada é tão essencial quanto a sinceridade. Todos o percebem, talvez sem dizê-lo. Assim, se for escolhido para fazer um discurso de apresentação, tanto você como o homenageado terão sido reconhecidos. Os que lhe conhecem sabem que podem confiar a você uma missão que exige não só coração como razão. Você deverá resistir à tentação de incorrer em certos erros, como acontece com alguns oradores. Referimo-nos aos erros relacionados com o exagero.

Numa oportunidade dessas, é fácil exagerar as virtudes de uma pessoa, dando-lhes proporções muito além da realidade. Se o prêmio é merecido, devemos dizê-lo, mas não tecer elogios em demasia. O excesso de elogios causa mal-estar ao homenageado e não convence um público esclarecido.

Devemos também evitar exagerar a importância do prêmio ou da homenagem. Em lugar de realçar o seu valor intrínseco, devemos destacar os sentimentos amistosos daqueles que o concedem.

6. EXPRESSE OS SEUS SENTIMENTOS SINCEROS NA FALA DE AGRADECIMENTO

Esta fala deve ser ainda mais curta do que a da entrega do prêmio. Certamente não deve ser algo que tenhamos decorado, embora estarmos preparados para proferi-la seja vantajoso. Se sabemos que vamos receber um prêmio ou uma homenagem e que teremos de fazer um discurso de agradecimento, não haverá ninguém mais qualificado para falar do nosso próprio mérito do que nós mesmos.

Murmurar apenas "muito obrigado" ou "este é o dia mais importante da minha vida" ou "a coisa mais maravilhosa que já me aconteceu" não basta. Aqui, como nas palavras introdutórias da homenagem ou da entrega do prêmio, é preciso evitar o exagero. "O dia mais importante" e "a coisa mais maravilhosa" abrangem demasiado território. É possível exprimir gratidão genuína em termos mais moderados. Eis uma sugestão para este tipo de fala:

1. Ofereça ao grupo um sincero e caloroso "muito obrigado".
2. Dê algum crédito aos outros que o ajudaram, seus sócios, empregados, amigos ou familiares.
3. Diga o que o prêmio ou a homenagem significam para você. Se for algo embrulhado, desembrulhe e mostre o que é. Diga ao público o quanto é útil ou bonito e como você pretende usá-lo.
4. Termine com outra sincera manifestação do seu agradecimento.

Neste capítulo, abordamos três tipos especiais de falas, qualquer das quais você pode ser chamado a proferir em seu trabalho ou em alguma organização ou clube a que pertença.

Insisto com você para que essas sugestões sejam cuidadosamente seguidas ao proferir qualquer dessas falas, pois você terá a satisfação que emana ao dizer-se a coisa certa na ocasião apropriada.

CAPÍTULO 13

Preparando um discurso mais longo

Nenhum homem, no gozo de suas faculdades mentais, poderia começar a construção de um edifício sem alguma espécie de plano; assim, por que começar a proferir uma oração sem a mais vaga noção daquilo que se pretende alcançar?

Uma fala é como uma viagem com uma finalidade e, como tal, deve ser planejada. O homem que começa sem rumo geralmente não chega a lugar nenhum.

Se eu pudesse, inscreveria, em letras vermelhas flamejantes de um palmo de altura, nas fachadas de todos os lugares do mundo onde se reúnem estudantes de oratória, as seguintes palavras de Napoleão: "A arte de guerra é uma ciência em que nada sucede que não tenha sido calculado e refletidamente meditado."

Isso é tão verdadeiro na oratória como no tiro ao alvo. Mas será que os oradores o percebem — ou, se o percebem, será que agem de acordo? Não. Inúmeras falas têm pouco mais planejamento e arrumação do que uma panela de cozido.

Qual o melhor e mais eficiente caminho para transmitir determinado conjunto de ideias? Ninguém poderá dizê-lo enquanto não as tiver estudado. É sempre um problema novo, uma pergunta permanente que o orador deve fazer e responder a si mesmo continuamente.

Não há regras infalíveis que possam ser dadas; no entanto, podemos, de qualquer modo, indicar as três principais etapas da fala mais longa: a etapa da atenção, do texto propriamente dito e da conclusão. Para desenvolver cada uma delas existem alguns métodos consagrados.

1. ATRAIA A ATENÇÃO IMEDIATAMENTE

Perguntei uma vez ao Dr. Lynn Harold Hough, ex-reitor da Universidade Northwestern, o que de mais importante havia aprendido em sua longa carreira de orador. Após ponderar por um momento, respondeu: "Aprendi a fazer uma introdução arrebatadora, que conquista de imediato uma atenção favorável." O Dr. Hough atingiu o âmago de toda fala persuasiva: como conseguir, desde as primeiras palavras, "sintonizar-se" com o público. Apresentaremos alguns métodos que, se aplicados, darão às suas primeiras frases um alto potencial para conquistar a atenção.

COMECE SUA FALA COM UM EXEMPLO BASEADO EM EXPERIÊNCIA PRÓPRIA

Lowell Thomas, que conquistou reputação mundial como comentarista de notícias, conferencista e produtor cinematográfico, começou uma palestra sobre Lawrence da Arábia com esta declaração:

> Eu me encontrava, um dia, em Jerusalém, descendo a Rua Cristã, quando me deparei com um homem vestido com as vistosas roupagens de um potentado oriental. De sua ilharga pendia um curvo alfanje dourado, usado apenas pelos descendentes do profeta Maomé...

Por aí prosseguiu ele — com uma história de *sua própria experiência*. É isso o que atrai a atenção. Esse tipo de abertura é quase irresistível. Dificilmente pode falhar. Ela avança, progride. Nós a acompanhamos porque nos imaginamos fazendo parte da situação e queremos saber o que vai acontecer. Não conheço outro método que seja mais atraente como abertura de uma fala do que a utilização de um incidente.

Uma de minhas palestras, pronunciadas inúmeras vezes, começa com estas palavras:

> Uma noite, logo depois que terminei a universidade, caminhava eu por uma rua em Huron, em Dakota do Sul, quando vi um homem trepado em um caixote, falando a uma multidão que ali se encontrava. Fiquei curioso e me reuni ao grupo para ouvi-lo. "Vocês sabiam que não existem índios carecas?", estava dizendo o orador. "Vocês já viram alguma mulher careca? Bem, vou lhes dizer por quê..."

Nenhum rodeio. Nenhuma declaração para aquecimento. Apresentando diretamente um incidente, torna-se fácil captar a atenção de um público.

Um orador que começa suas palavras com um caso tirado de sua própria experiência está pisando em terreno seguro, pois não há procura de palavras nem perda de ideias. A experiência que se encontra relatando é sua, e ele torna a viver uma parte de sua vida, as verdadeiras fibras de seu ser. O resultado? Uma atitude de descontração, de autoconfiança, que ajudará o orador a estabelecer uma relação amistosa com o público.

FAÇA SUSPENSE

Eis como o Sr. Powell Healy começou uma palestra no Penn Athletic Club da Filadélfia:

> Há 82 anos foi publicado em Londres um pequeno volume, uma história que estava destinada a se tornar imortal. Muitas pessoas a ele têm se referido como "o maior livrinho do mundo". Logo que esse livro apareceu, os amigos, ao se encontrarem uns com os outros no Strand ou em Pall Mall, faziam a pergunta "Você já leu?". A resposta, invariavelmente, era: "Sim, graças a Deus."

No dia em que foi publicado esse livro, foram vendidos mil exemplares. Em uma quinzena, a demanda tinha consumido quinze mil. Desde então tem sido publicado em milhares de edições e traduzido para todas as línguas existentes na face da Terra. Há poucos anos, J. P. Morgan comprou o manuscrito original por uma soma fabulosa e, agora, ele repousa entre os tesouros sem preço de sua magnífica galeria de arte. Qual é esse famoso livro? É..."

Você não ficou interessado? Não ficou ansioso por conhecer mais? O orador não captou a atenção favorável de seus ouvintes? Você sentiu como esse início atraiu sua atenção e aumentou o seu interesse à medida que progredia? Por quê? Porque despertou sua curiosidade e manteve você em *suspense*.

Curiosidade! Quem não é susceptível a ela?

Você também, talvez! Você não estará querendo saber quem é o autor e qual é o livro acima mencionado? O autor foi Charles Dickens e o livro, *A Christmas Carol* (Um cântico de Natal).

Criar *suspense* é um método seguro de atrair o interesse de seus ouvintes. Eis como procuro criar *suspense* em minha palestra sobre *"How to Stop Worrying and Start Living"* (Como deixar de preocupar-se e começar a viver). Começo da seguinte maneira: "Na primavera de 1871, um jovem que estava destinado a se tornar um médico famoso, William Osler, pegou um livro e leu 21 palavras que tiveram um profundo efeito sobre seu futuro."

Quais foram essas 21 palavras? Como influenciaram elas o seu futuro? Ambas são perguntas que os ouvintes gostarão de ver respondidas.

CITE UM FATO QUE PRENDA A ATENÇÃO

Clifford R. Adams, diretor do Serviço de Conselhos Matrimoniais do Colégio Estadual da Pennsylvania, começou um artigo no *Reader's Digest* intitulado "Como escolher um companheiro", com estes surpreendentes fatos — que deixam o ouvinte intrigado, fatos que prendem logo de início a atenção:

> Atualmente, as chances que têm os nossos jovens de encontrarem a felicidade no casamento são reduzidas. O aumento do nosso índice de divórcio é assustador. Em 1940, um casamento entre cinco ou seis foi desfeito. Em 1946, ao que se espera, a média será de um entre quatro. Se essa tendência continuar por muito tempo, a média, em cinquenta anos, será de um em dois.

Observe a seguir mais dois exemplos de fatos que prendem a atenção utilizados como abertura:

"De acordo com as previsões do Ministério da Guerra, na primeira noite de uma guerra atômica perecerão vinte milhões de americanos."

"Há alguns anos, o jornal da fundação Scripps-Howard despendeu 176 mil dólares em uma pesquisa para descobrir do que seus leitores não gostavam nas lojas de vendas a varejo. Foi a mais dispendiosa, a mais científica, a mais completa pesquisa até então realizada sobre os problemas de vendas a varejo. Foram enviados questionários a 54.047 lares em dezesseis cidades diferentes. Uma das perguntas era: 'O que lhe desagrada nas lojas dessa cidade?'

Quase dois quintos de todas as respostas foram iguais: vendedores mal-educados!"

Esse método de fazer declarações intrigantes no início de uma fala é eficiente para estabelecer o contato com os ouvintes, porque faz vibrar o cérebro. É uma espécie de "técnica de choque" que faz uso do inesperado para atrair atenção e concentrá-la sobre o orador e sua fala.

Uma aluna do nosso curso, em Washington, D.C., utilizando-se desse método, suscitou a curiosidade com uma efetividade que como eu nunca tinha visto antes. Seu nome era Meg Shell. Eis o seu início:

"Estive presa durante dez anos. Não em uma prisão comum, mas numa prisão cujas paredes eram a preocupação a respeito de minha inferioridade e cujas grades eram o medo da crítica."

Não se fica curioso em saber mais sobre esse caso extraído da vida real?

Deve ser evitado um dos perigos da abertura que intriga, isto é, a tendência a ser demasiadamente dramático ou demasiadamente sensacionalista. Lembro-me de um orador que começou sua fala disparando uma pistola para o ar. Não há dúvida de que ele atraiu a atenção, mas estourou também os tímpanos de seus ouvintes.

Faça uma abertura coloquial. Um meio eficiente de verificar se essa parte da sua fala é coloquial, é observar se ela poderia confundir-se com uma conversa durante o jantar. Se a sua abertura não for suficientemente coloquial a uma mesa de jantar, na certa não o será, também, para um auditório.

Frequentemente, entretanto, a abertura da fala, destinada a atrair a atenção dos ouvintes, é na realidade a mais enfadonha parte de toda ela. Por exemplo, ouvi recentemente um orador começar com as seguintes palavras: "Confiem no Senhor e tenham fé em sua própria capacidade..." Uma pregação, maneira óbvia de começar uma fala! Observem, no entanto, a segunda frase; ela é interessante; faz pulsar o coração. "Minha mãe ficou viúva em 1918, com três filhos para sustentar e sem dinheiro..." Por que, oh, *por que* o orador não começou sua fala contando-nos sobre a luta de sua mãe viúva com três criancinhas para criar?!

Se você deseja interessar os seus ouvintes, não comece com uma introdução. Salte direto para o centro de sua história.

É o que faz Frank Bettger, autor de *How I Raised Myself From Failure to Success in Selling* (Do fracasso ao sucesso nas vendas). Frank é um artista quando se trata de criar *suspense* em sua primeira frase. Sei disso porque eu e ele viajamos juntos por todos os Estados Unidos falando sobre vendas, sob os auspícios da Câmara de Comércio Júnior deste país. Sempre admirei a maneira soberba pela qual abria suas palestras sobre o entusiasmo. Nada de exortação. Nada de aulas. Nada de sermões. Nada de declarações genéricas. Frank Bettger saltava diretamente para o âmago do seu tema em sua primeira frase. Ele começava da seguinte maneira:

"Pouco depois de começar minha carreira como profissional de beisebol tive um dos maiores choques da minha vida."

Qual efeito esse início produzia no auditório? Eu sei, pois me encontrava lá. Eu via a reação. Instantaneamente ele atraía a atenção de todo mundo. Todos se interessavam em saber como e por que se chocara, e o que fez a tal respeito.

PEÇA QUE LEVANTEM AS MÃOS

Um modo esplêndido de despertar o interesse é pedir ao público que levante as mãos em resposta a uma pergunta. Por exemplo, abri minha palestra sobre o tema "Como evitar a fadiga" com a seguinte pergunta:

"Deixem-me ver suas mãos. Quantos de vocês acham que se cansam mais do que deviam?"

Observe o seguinte ponto: quando for pedir que os ouvintes levantem as mãos, dê um aviso prévio de que vai fazê-lo. Não inicie uma palestra com: "Quantos de vocês acreditam que os impostos deveriam ser reduzidos? Vamos ver suas mãos." Dê ao público uma *chance* de se preparar para a votação dizendo, por exemplo: "Vou pedir que levantem as mãos em resposta a uma questão que diz respeito a todos. É o seguinte: quantos de vocês acreditam que os vales-brindes beneficiam o consumidor?"

Essa técnica de pedir que os ouvintes levantem as mãos obtém uma inestimável reação: a participação do público. Usando essa técnica, sua fala deixa de ser uma coisa unilateral. O público passa a participar dela. Quando você pergunta "Quantos de vocês acham que se cansam mais que deviam?", todos começam a pensar em seu tópico favorito: em si mesmos, em suas dores, em sua labuta. Cada um ergue a mão e, provavelmente, olha em torno para ver quem mais a ergueu também. Quem levantou a mão se esquece de que está ouvindo uma palestra; sorri; faz um aceno com a cabeça para um amigo sentado próximo. O gelo foi quebrado. Você, o orador, se sente à vontade, e o mesmo acontece com o público.

PROMETA DIZER AOS OUVINTES COMO PODEM OBTER ALGO QUE DESEJAM

Uma forma quase infalível de atrair atenção é prometer aos ouvintes dizer-lhes como podem obter algo que desejam se fizerem aquilo que você sugerir. A seguir apresento alguns exemplos do que estou afirmando.

"Vou lhes dizer como evitar a fadiga. Vou lhes dizer como aumentar em uma hora o tempo que passam acordados por dia."

"Vou lhes dizer como podem multiplicar suas fontes de renda."

"Prometo-lhes que, se me ouvirem dez minutos, lhes darei um método seguro para se tornarem mais populares."

O orador que inicia suas palavras com promessas certamente atrairá atenção, porque interage diretamente com os interesses particulares do público. Com demasiada frequência, os oradores se esquecem de relacionar o que falam com os interesses vitais de seus ouvintes. Em vez de abrirem a porta que dá entrada à atenção, fecham-na com uma introdução maçante, que descreve toda a história do seu objeto de estudo, ou abordam laboriosamente o *background* necessário para a compreensão do tópico.

Lembro-me de uma palestra a que assisti, uns anos atrás, sobre um tema que, por si só, era importante para o público: a necessidade de exames periódicos de saúde. Como o conferencista iniciou sua fala? Terá ele aumentado a atração natural do assunto por meio de uma abertura arrebatadora? Não. Ele começou a palestra com uma explicação monótona da história por trás do seu tema e o público começou a se desinteressar dele e de seu tópico. Uma abertura do tipo que faz promessas teria sido admiravelmente apropriada. Por exemplo:

"Os senhores sabem qual a sua expectativa de vida? As companhias de seguros de vida podem fazer previsões a esse respeito por meio de planilhas com dados compilados das vidas de milhões de pessoas. Os senhores podem esperar viver dois terços do tempo que separa sua idade atual dos oitenta anos... Será tal período satisfatório para os senhores? Não, não! Todos nós desejamos ardentemente viver mais tempo e queremos provar que essa predição está errada. Mas como, perguntarão os senhores, poderemos consegui-lo? Como poderemos estender nossas vidas para além desses poucos anos que os estatísticos afirmam sobrar para nós? Bem, há uma resposta, um modo pelo qual isso poderá ser conseguido, e eu lhes direi o que fazer..."

Deixo a seu cargo decidir se esse tipo de início capta ou não o seu interesse, se o compele ou não a ouvir o orador. Você *terá* que ouvi-lo, pois ele não somente está falando a seu respeito, sobre sua vida, como também lhe prometeu algo que tem para você o mais intenso valor pessoal. Aqui não há qualquer recitação maçante de fatos impessoais! É quase impossível resistir a uma abertura desse tipo.

EXPONHA ALGO

Talvez a maneira mais fácil do mundo de atrair atenção seja mostrar alguma coisa que todos possam ver. Quase todas as criaturas, desde a mais simples até a mais complexa, prestarão atenção a esse tipo de estímulo. Isso pode ser usado com efetividade diante até mesmo do mais distinto dos públicos. Por exemplo, o Sr. S. S. Ellis, da Filadélfia, iniciou uma de suas palestras em um de nossos cursos erguendo uma moeda entre o polegar e o indicador e mantendo-a bem acima de seu ombro. Naturalmente todos olharam Então ele perguntou: "Alguém aqui já achou uma destas moedas na calçada? Ela anuncia que o felizardo que a encontrar ganhará um lote de terreno em tal e tal loteamento. Basta ir até lá e apresentar esta moeda..." O Sr. Ellis prosseguiu condenando práticas enganosas e antiéticas.

Todos os métodos a que nos referimos anteriormente são recomendáveis. Podem ser usados separadamente ou em combinação. Você deve reconhecer que o modo pelo qual inicia sua fala determina amplamente se o público vai ou não aceitar você e a sua mensagem.

2. EVITE ATRAIR UMA ATENÇÃO DESFAVORÁVEL

Por favor, insisto com você, lembre-se de que não lhe basta simplesmente atrair a atenção de seus ouvintes; você deve captar-lhes uma atenção *favorável*. Atente-se, por favor, à palavra *favorável*. Nenhuma pessoa em sã consciência começaria uma fala insultando o seu público ou fazendo declarações desagradáveis e antipáticas que voltariam seus ouvintes contra o orador e contra sua mensagem. Não obstante, com frequência vejo oradores incorrerem no erro de começar suas falas utilizando-se dos seguintes artifícios para chamar atenção.

NÃO COMECE COM DESCULPAS

Começar uma fala com desculpas não lhe dá uma boa partida. É comum ouvirmos oradores começarem suas palavras chamando a atenção do público para a sua falta de preparo ou de capacidade. Se você não estiver preparado, os ouvintes provavelmente descobrirão tal fato sem a sua ajuda. Por que insultar o público fazendo-o crer que você não o julgou digno de uma preparação e que qualquer coisa que apresentasse seria boa suficiente para ele? Não, não queremos ouvir desculpas; queremos nos informar e ficar interessados — ficar *interessados*, lembre-se disso. Faça com que sua primeira frase capte a atenção do seu público. Não a segunda frase. Não a terceira. A *primeira*!

EVITE INICIAR SUA FALA COM UMA HISTÓRIA ENGRAÇADA

Você deverá ter notado que um dos métodos empregados para iniciar palestras, muito utilizado por oradores, não é recomendado aqui: o uso de histórias engraçadas. Por alguma razão lamentável, o amador acha que deve "alegrar" sua palestra contando uma piada; ele presume que o manto de Mark Twain tenha caído sobre seus ombros. Não caia nessa armadilha; você não tardará a descobrir, para o seu próprio constrangimento, a dolorosa verdade de que a história "engraçada" é, com frequência, mais patética do que engraçada — e pode ser uma história conhecida por pessoas que fazem parte do seu público.

O senso de humor talvez seja um dote valioso para qualquer orador. Uma fala não precisa começar nem se manter pesada, excessivamente solene. De modo algum. Se você possuir a qualidade de despertar o riso em seu público por meio de alguma espirituosa referência a um acontecimento recente ou a algo ocorrido na ocasião, ou às observações de um orador que o tenha precedido, faça-o, sem hesitar. Observe alguma incoerência. Exagere-a. Esse tipo de humor provavelmente obterá mais êxito do que piadas sobre filmes de comédia, sogras ou cães felpudos, por *ter relevância e originalidade*.

A maneira mais fácil de despertar o riso na plateia é, talvez, contar uma experiência própria. Compartilhe alguma situação ridícula e constrangedora. Isso atinge a própria essência do humor. Jack Benny, durante anos, valeu-se desse artifício. Ele foi um dos primeiros comediantes do rádio a fazer humor a seu próprio respeito. Fazendo piadas sobre sua pouca habilidade com o violino, sua sovinice e sua idade, Jack Benny explorou um veio rico de humor, que mantém sua cotação alta de ano para ano.

Os ouvintes abrem seus corações e suas mentes aos oradores que deliberadamente se depreciam chamando atenção para alguma deficiência ou falha pessoal — em um sentido humorístico, é claro. Por outro lado, criar uma imagem de empáfia ou de perito que sabe todas as respostas deixa o público frio e pouco receptivo.

3. APOIE SUAS IDEIAS PRINCIPAIS

No discurso mais longo para conduzir à ação, são vários os pontos; quanto menos, melhor, mas todos eles necessitam de material de apoio. No Capítulo 7, tratamos de um método para apoiar o Objetivo de uma fala, isto é, o que você deseja que seus ouvintes façam, ilustrando-o com uma história, uma experiência de sua vida. Esse tipo de exemplo é popular porque apela para um desejo comum a todos os seres humanos: quem não gosta de uma boa história? Um incidente ou acontecimento é o tipo de exemplo de que todo orador médio lança mão, mas não é, de forma alguma, o único meio de apoiar suas ideias. Podem, também, ser usadas estatísticas, que nada mais são do que ilustrações em termos científicos, testemunhos de peritos, analogias, exposições ou demonstrativos.

USE ESTATÍSTICAS

As estatísticas são usadas para mostrar a proporção de uma determinada ocorrência. Elas podem ser impressionantes e convincentes, especialmente quando um exemplo isolado não for suficiente. A eficiência do programa da vacina Salk contra a poliomielite foi avaliada através de estatísticas colhidas em todas as partes do país. Casos isolados de ineficiência são as exceções à regra. Uma palestra baseada em uma dessas exceções, desse modo, não convenceria um pai de que o programa da vacina Salk não protegeria o seu filho.

As estatísticas, por si mesmas, podem ser maçantes. Elas devem ser judiciosamente usadas e, quando o forem, devem estar revestidas de uma linguagem que as torne expressivas e bem contextualizadas.

Uma maneira de usar as estatísticas de modo a impressionar e convencer é compará-las com coisas que nos sejam familiares. Em apoio à sua tese de que uma vasta quantidade de tempo é perdida pela negligência dos nova-iorquinos em atender prontamente ao telefone, um executivo disse o seguinte:

> Em cada cem ligações telefônicas feitas, sete apresentam uma demora de mais de um minuto antes que a pessoa chamada atenda. Em cada dia são perdidos, dessa forma, 280.000 minutos. No curso de seis meses, essa demora de atendimento em Nova York totaliza quase os dias de trabalho decorridos desde que Colombo descobriu a América.

Meros números e quantidades, por si mesmos, nunca impressionam muito. É necessário que sejam ilustrados; se possível, devem ser postos em termos de nossas experiências. Lembro-me do que disse um guia numa visita à enorme usina hidrelétrica do Grand Coulee. Ele poderia ter citado, simplesmente, a área da dita usina em quilômetros quadrados, mas isso não teria sido tão convincente quanto o método que usou. O que nos disse foi que a usina era suficientemente grande para 10.000 pessoas assistirem a um jogo de futebol em um estádio olímpico e, além disso, haveria ainda, em cada extremidade, espaço para a construção de várias quadras de tênis.

Há muitos anos, um dos estudantes do meu curso na Associação de Jovens Cristãos do centro de Brooklyn citou em uma palestra o número de casas destruídas pelo fogo no ano anterior. Acrescentou ainda que, se todos esses edifícios fossem colocados lado a lado, a linha se estenderia de Nova York a Chicago e que, se as pessoas mortas nesses incêndios fossem colocadas a meio quilômetro de intervalo uma da outra, a lamentável linha se estenderia de volta a Nova York.

Os números por ele fornecidos esqueci quase imediatamente, mas, apesar dos anos já decorridos, ainda me lembro, sem qualquer esforço, da linha de edifícios incendiados a se estender da ilha de Manhattan até o condado de Cook, no Illinois.

USE O TESTEMUNHO DE PERITOS

Muitas vezes é possível apoiar mais efetivamente os pontos que você quer ressaltar em sua fala empregando o testemunho de um perito. Antes de lançar mão de um testemunho, este deve estar de acordo com os seguintes critérios:

1. A citação que pretende usar é precisa?
2. É uma citação tirada da área de conhecimento específico de um perito? Citar Joe Louis em assuntos econômicos seria obviamente uma exploração de seu nome, mas não do seu forte.
3. A citação é de alguém que seja conhecido e respeitado pelo seu público?
4. Você tem certeza de que a citação se baseia em um conhecimento imparcial, sem nenhum interesse pessoal ou preconceito?

Um dos membros da minha classe na Câmara de Comércio do Brooklyn abriu, há muitos anos, uma palestra sobre a necessidade de especialização, com uma citação de Andrew Carnegie. Foi uma escolha acertada? Sim, porque ele citou com precisão um homem que era respeitado pelo público e que tinha competência para falar sobre êxito em negócios. Ainda hoje essa citação é digna de ser repetida.

Acredito que o verdadeiro caminho para um êxito destacado em qualquer atividade consiste em tornar-se mestre nessa atividade. Não tenho fé naqueles que se empenham em múltiplas áreas de atuação e, em minha experiência, raramente encontrei alguém que tivesse obtido distinto êxito em ganhar dinheiro — certamente ninguém na indústria — operando em muitos empreendimentos. Os homens que obtiveram êxito foram aqueles que escolheram uma linha e se ativeram a ela.

USE ANALOGIAS

A analogia, de acordo com Webster, é uma relação de similaridade entre duas coisas... consistindo na semelhança não das coisas propriamente, mas de dois ou mais de seus atributos, suas circunstâncias e seus efeitos.

O emprego da analogia é uma ótima técnica para o apoio de uma ideia principal. Abaixo citamos um trecho de uma palestra sobre "A necessidade de mais energia elétrica", feita por C. Girard Davidson, quando secretário-assistente do Interior dos Estados Unidos. Observe como ele emprega uma comparação, uma analogia, para apoiar seu ponto:

> Uma economia próspera tem que se conservar em movimento, progredindo, ou entra em colapso. Pode ser estabelecido um paralelo com um avião, que é uma coleção inútil de porcas e parafusos quando parado no solo. Quando, no entanto, avançando no ar, tudo desempenha seu papel e serve a uma finalidade útil. Para manter-se esse estado, é preciso que continue avançando. Se parar, cai — e não pode dar marcha à ré.

Citaremos outra, talvez a mais efetiva das analogias na história da eloquência. Foi usada por Lincoln em resposta a críticas que lhe foram feitas durante um crucial período da Guerra Civil:

Senhores, quero que imaginem um caso por um momento. Suponham que todas as riquezas de que são merecedores estivessem sob a forma de ouro e que os senhores as tivessem posto nas mãos de Blondin, o famoso equilibrista, que com esse ouro deveria atravessar as Cataratas do Niágara em uma corda bamba. Os senhores iriam sacudir a corda ou gritar para ele "Blondin, incline um pouco mais o corpo! Ande mais depressa!"? Não, estou certo de que não o fariam. Os senhores prenderiam a respiração tanto quanto suas línguas e não mexeriam as mãos enquanto ele não estivesse em segurança. O governo, hoje, se encontra na mesma situação. Ele está carregando um peso imenso por sobre um oceano proceloso. Tesouros valiosos estão em suas mãos. O governo está fazendo o melhor que pode. Não o atormentem! Mantenham-se quietos e ele os conduzirá em segurança até o outro lado.

FAÇA UMA DEMONSTRAÇÃO

Quando os executivos da fabricante de fornos Iron Fireman conversavam com os distribuidores, necessitavam de alguma forma de dramatizar o fato de que o combustível deveria ser colocado no forno por baixo e não por cima. Assim, conceberam esta demonstração simples, mas esclarecedora. O orador acende uma vela e em seguida diz:

> Vejam quão limpidamente a chama queima e como é alta. Como, praticamente, todo o combustível está sendo convertido em calor, não há, praticamente, fumaça.
> O combustível da vela é suprido de baixo, do mesmo modo que a Iron Fireman supre o combustível em um forno.
>
> Suponhamos que essa vela fosse alimentada de cima, como acontece com os fornos alimentados à mão. (Nesse momento o orador coloca a vela de cabeça para baixo.)

Observem como a chama diminuiu. Sintam o cheiro da fumaça. Escutem o crepitar. Vejam como a chama se torna avermelhada devido à combustão incompleta. Finalmente a chama se apaga como resultado da insuficiente alimentação vinda de cima.

Há alguns anos, Henry Morton Robinson escreveu um interessante artigo sobre "Como os advogados ganham causas" para a revista *Your Life*. Nesse artigo, ele descreve como o advogado Abe Hummer obteve sucesso com uma vívida e impressionante demonstração de teatralidade ao representar uma companhia de seguros em uma ação de indenização. O autor, um tal Sr. Postlethwaite, alegava que, ao cair no poço de um elevador, o seu ombro fora de tal forma injuriado que ele não era capaz de erguer o braço direito.

Hummer pareceu ficar gravemente preocupado. "Bem, Sr. Postlethwaite", disse ele confidencialmente, "mostre ao júri até onde o senhor pode levantar o braço." Cautelosamente, Postlethwaite ergueu o braço até à altura da orelha. "Mostre-nos agora até onde podia levantá-lo antes do acidente", pediu Hummer.

"Até aqui", disse o queixoso, estendendo completamente o mesmo braço até acima da cabeça.

Você pode tirar sua própria conclusão com respeito à reação do júri a essa demonstração.

Na fala longa para conduzir à ação, é possível destacarem-se três ou, no máximo, quatro pontos. Eles podem ser proferidos em menos de um minuto. Fazê-lo, porém, perante um grupo de ouvintes pode tornar-se pesado e maçante. O que faz com que esses pontos ganhem vida? O material de apoio que você usa. É isso o que dá brilho e interesse à sua fala. Empregar anedotas, analogias, demonstrações de estatísticas e testemunhos de peritos permite fundamentar a verdade e ressaltar a importância de seus argumentos principais.

4. APELE PARA A AÇÃO

Um dia visitei, para uma conversa de alguns minutos, George F. Johnson, industrial e humanista. À época, era ele o presidente da grande corporação Endicott-Johnson. O mais interessante para mim, no entanto, era saber que ele era um orador capaz de fazer seus ouvintes rirem ou chorarem e, com frequência, lembrarem-se durante muito tempo daquilo que ele tinha dito.

Ele não dispunha de um escritório particular. Ocupava um canto de uma fábrica grande e movimentada, e sua conduta era tão modesta quanto sua velha mesa de madeira.

— Você chegou em boa hora — disse ele ao levantar-se para me receber. — Estou acabando um trabalho. Anotei o que pretendo dizer como final de uma palestra que farei aos operários esta noite.

— É um alívio estar com uma palestra inteiramente esboçada na cabeça, do princípio ao fim — observei.

— Oh — protestou ele —, ainda não tenho tudo dentro da cabeça. Apenas a ideia geral e como, especificamente, desejo encerrá-la.

Johnson não era um orador profissional. Nunca pronunciava palavras ressonantes ou frases bonitas. No entanto, através da experiência, havia aprendido um dos segredos da comunicação bem-sucedida. Ele sabia que, para uma fala ser memorável, é necessário que tenha um bom final. Ele percebeu que a conclusão de uma fala é o sentido para o qual tudo que a precede deve razoavelmente mover-se, a fim de que o público fique impressionado.

O encerramento é, realmente, o ponto mais estratégico de uma fala. O que alguém diz por último, as palavras finais, que ficam ressoando nos ouvidos do público quando a fala é encerrada, são, provavelmente, as que serão lembradas durante mais tempo. Diferentemente do Sr. Johnson, os novatos raramente se apercebem da importância desse fato; seus finais, com frequência, deixam muito a desejar.

Quais os seus erros mais comuns? Vamos abordar alguns deles e procurar meios para corrigi-los.

Em primeiro lugar, há o encerramento do tipo "Isso é tudo o que tenho para lhes dizer sobre esse assunto e, assim, creio que devo parar por aqui". Esse tipo de orador produz uma cortina de fumaça para esconder sua incapacidade de terminar uma fala satisfatoriamente, dizendo apenas, desajeitadamente, "muito obrigado". Isso não é um final; é um erro. Cheira a amadorismo. É quase imperdoável. Se isso é tudo o que tem a dizer um orador, por que não simplesmente interromper sua fala, sentar-se e dá-la por encerrado sem nada dizer quanto a isso? Faça-o, e a inferência de que isso seja tudo o que tem a dizer, com segurança e bom gosto, será deixada ao discernimento do público.

Há também o orador que diz tudo o que tem a dizer, mas não sabe como parar. Acredito ter sido Josh Billings quem aconselhou que as pessoas devem agarrar o touro pelo rabo, e não pelos chifres, pois assim será mais fácil largá-lo. O orador que agarra o touro pela extremidade frontal, quando deseja separar-se dele, por mais que procure, não encontra perto nenhuma cerca, nenhuma árvore amiga. Assim, ele fica rodando em círculos, cobrindo o mesmo terreno já percorrido, repetindo-se, deixando má impressão...

O remédio? Um encerramento tem que ser planejado em algum momento, não é verdade? Será aconselhável procurar fazê-lo quando estiver confrontando o público, enquanto se encontra sob a tensão e o esforço da palavra, quando sua mente deve estar atenta àquilo que está dizendo? Ou sugere o senso comum a conveniência de fazê-lo com calma, em silêncio, de antemão?

Como garantir que sua fala conduza a um clímax? Aqui estão algumas sugestões:

SINTETIZE

Nos discursos longos, o orador é bastante capaz de cobrir uma área demasiado extensa, de modo que, ao fim, os ouvintes se encontram um pouco confusos quanto a seus principais pontos. Entretanto, poucos oradores se apercebem desse fato. Eles se iludem ao presumir que, por serem esses pontos de uma clareza cristalina em suas próprias mentes, serão transmitidos de modo igualmente lúcido para os seus ouvintes. Não mesmo. O orador meditou sobre suas ideias durante algum tempo. Seus pontos, no entanto, são inteiramente novos para os ouvintes; eles são disparados sobre o público como uma saraivada de balas. Algumas podem atingir os alvos, mas outras podem perder-se na confusão. De acordo com Shakespeare, os ouvintes, provavelmente, "lembrarão de inúmeras coisas, mas de nada distintamente".

Diz-se que um político irlandês anônimo deu sua receita para a elaboração de um discurso: "Em primeiro lugar, diga-lhes o que tem a lhes dizer; em segundo lugar, diga-o; finalmente, diga-lhes o que lhes disse." Frequentemente é mais aconselhável "dizer-lhes o que lhes disse".

Eis, agora, um bom exemplo. O orador, gerente de tráfego de uma das ferrovias de Chicago, terminou sua palestra deste modo:

> Em suma, senhores, nossa própria experiência, em nossos pátios ferroviários, com esse sistema de bloqueio; a experiência de seu emprego no Leste, no Oeste e no Norte; os satisfatórios princípios de operação que caracterizam o seu funcionamento; a demonstração real da economia feita durante um ano na prevenção de desastres fazem com que eu, franca e inequivocamente, seja levado a recomendar sua instalação imediata em nosso Ramal Sul.

Você percebeu o que fez o orador? Você não precisa ter ouvido tudo mais que ele falou. Ele resumiu em poucas frases, em 68 palavras, praticamente todos os pontos que abordou na palestra.

Você não sente que um sumário desses ajuda? Se assim é, aproprie-se dessa técnica.

PEÇA AÇÃO

O encerramento que acabamos de citar é também uma ilustração excelente do encerramento que convoca à ação. O orador desejava que algo fosse feito: uma instalação de bloqueio no Ramal Sul de sua estrada. Ele baseou seu apelo à ação no dinheiro que seria economizado, nos acidentes que seriam evitados. O orador queria ação e o conseguiu. Sua fala não era meramente um teste. Foi proferida perante uma junta de diretores de uma ferrovia e garantiu a instalação do sistema de boqueio que ele pleiteara.

No fim da sua fala para conduzir à ação, é a hora de fazer o pedido. Assim, faça-o! Diga ao seu público que se reúna, contribua, escreva, telefone, vote, compre, boicote, inscreva-se, investigue, pague ou o que quer que seja que você deseja que ele faça. No entanto, tenha o cuidado de obedecer à seguinte sinalização:

Peça ao público que faça algo específico. Não diga "Ajudem a Cruz Vermelha". Isso seria demasiado genérico. Diga, em vez disso, "Mande esta noite sua contribuição de um dólar para a Cruz Vermelha Americana, na Rua Smith, 125, nesta cidade".

Peça ao público algo que esteja dentro do seu alcance. Não diga "Vamos votar contra o consumo de bebidas alcoólicas". Isso não pode ser feito. No momento não há votação a esse respeito. Em lugar disso, seria possível pedir, por exemplo, que os ouvintes se filiem a um movimento de temperança ou contribuam para alguma organização que esteja lutando contra o alcoolismo.

Torne a ação tão fácil quanto possível para conseguir a adesão do público à sua causa. Não diga "Escreva ao seu congressista que vote contra esse projeto de lei." Noventa e nove por cento de seus ouvintes não o farão. Eles não se encontram vitalmente interessados; ou talvez seja muito trabalhoso; ou, quem sabe, eles se esquecerão de fazer isso. Assim, torne fácil e agradável a ação. Como? Escrevendo você mesmo uma carta ao seu congressista, dizendo "Nós,

abaixo assinados, pedimos que vote contra o projeto de lei 74.321."
Faça a carta circular entre os ouvintes com uma caneta-tinteiro e, provavelmente, você conseguirá inúmeras assinaturas — embora, talvez, perca sua caneta-tinteiro.

CAPÍTULO 14

Aplicando o que você aprendeu

Na décima quarta sessão do meu curso tenho ouvido com frequência e com prazer estudantes dizerem como empregaram as técnicas deste livro em sua vida cotidiana. Vendedores destacam o aumento de vendas; gerentes, as promoções; executivos, um controle ampliado, tudo devido à desenvolta habilidade com que deram instruções e resolveram problemas empregando a ferramenta da boa oratória.

Como escreveu Richard Diller em *Today's Speech*, "o falar, a escolha das palavras, o quanto se fala e o sentimento que se emprega às palavras... podem agir como o sangue na vida de um sistema de comunicação industrial". R. Fred Canaday, encarregado do Curso de Liderança Efetiva Dale Carnegie, da General Motors, escreveu na mesma revista: "Uma das razões básicas pelas quais nós, da General Motors, estamos interessados no treinamento da fala é o reconhecimento do fato de que todos os supervisores são, em maior ou menor grau, também, professores. Desde o momento em que entrevista um candidato, durante a fase de orientação no início do emprego, durante o desempenho de uma função regular pelo empregado e na eventualidade de uma promoção, um supervisor é continuamente chamado a explicar, descrever, repreender, informar, instruir, revisar e discutir miríades de assuntos com cada uma das pessoas de seu departamento."

À medida que galgamos os degraus da comunicação oral até as areas que chegam mais próximo do falar em público — debates, tomadas de decisões, conferências para a solução de problemas e formulação de políticas —, tornamos a perceber como a habilidade de falar de modo a convencer, como se ensina neste livro, pode ser transferida para as atividades diárias em que a palavra é necessária. As regras da boa oratória são diretamente aplicáveis à participação ou mesmo à mediação de conferências.

A adequação da ideia a ser apresentada, a escolha das palavras corretas para a apresentação, a sinceridade e o entusiasmo em proferi-las são elementos que garantirão a sobrevivência da ideia ao final da fala. Todos esses elementos foram inteiramente debatidos neste livro. Resta a você aplicar o que aprendeu em todas as conferências de que participar.

Talvez você esteja querendo saber quando deve começar a aplicar o que aprendeu nos treze capítulos precedentes. Talvez você se surpreenda com a minha resposta a essa indagação: Imediatamente!

Mesmo que você não tenha em mente falar em público no futuro próximo, estou certo de que você verificará que os princípios e as técnicas deste livro são aplicáveis à vida diária. Quando digo a você que comece *agora* a empregar essas técnicas, refiro-me à primeira situação em que você venha a encontrar-se falando.

Se você analisar o que fala diariamente, ficará surpreso pela similitude de objetivos entre a sua fala de todos os dias e o tipo de comunicação formal tratado nestas páginas.

No Capítulo 7, insistimos com você em que conservasse em mente um dos quatro objetivos gerais quando fala em público; você poderá desejar informá-los, entretê-los, convencê-los de que a sua opinião é a correta ou persuadi-los a empreender alguma ação. No falar em público, procuramos alcançar esses objetivos não só com relação ao conteúdo da fala como quanto à maneira de pronunciá-la.

No falar cotidiano, esses objetivos são fluidos, misturando-se uns com os outros e modificando-se constantemente no decorrer do dia. Num determinado momento, podemos estar mantendo uma conversa amistosa e, de repente, vermo-nos falando para vender um produto ou persuadir um adolescente a pôr no banco suas economias. Aplicando as técnicas descritas neste livro à conversação cotidiana, podemos influenciar mais, impor nossas ideias mais eficientemente e motivar outras pessoas com habilidade e tato.

1. USE DETALHES ESPECÍFICOS NA CONVERSAÇÃO COTIDIANA

Escolha apenas uma dessas técnicas, por exemplo. Lembre-se de que no Capítulo 4 instruí você a incluir detalhes em sua fala. Desse modo, você faz com que suas ideias se tornem expressivas e bem delineadas. É claro que estou me referindo, principalmente, ao falar em público. Mas o emprego de detalhes não é igualmente importante na conversação de todos os dias? Pense um pouco nos seus conhecidos mais eloquentes. Não são justamente aqueles que enfeitam a fala com detalhes vívidos e dramáticos os que têm a capacidade de fazer um discurso pitoresco?

Antes de começar a desenvolver suas habilidades na conversação, você precisa ter confiança. Assim, quase tudo o que foi dito nos primeiros três capítulos deste livro será útil para lhe dar a segurança de misturar-se com outras pessoas e verbalizar suas opiniões numa roda de conversa informal. Uma vez que se sinta desejoso de expressar suas ideias, mesmo numa escala limitada, você começará a procurar em sua experiência material que possa ser convertido em conversação. É aí que lhe acontece uma coisa maravilhosa — seus horizontes começam a se expandir e você percebe que a vida toma um novo significado.

Pessoas responsáveis pelo cuidado do lar, cujos interesses podem ter se tornado de alguma forma restritos, têm sido as mais entusiasmadas em mencionar o que acontece quando começam a pôr em prática seu conhecimento das técnicas de oratória na conversação diária. "Sinto que minha confiança, há pouco tempo encontrada, me dá coragem para falar em ocasiões sociais", disse às suas colegas a Sra. R. D. Hart, de Cincinnati, "e comecei a me interessar pelas últimas notícias e nos acontecimentos mais recentes. Em lugar de me manter afastada da conversação trivial do grupo, a ela me junto com entusiasmo. Não apenas isso, mas tudo o que falo torna-se grão para o moinho da conversação, e me envolvi em um punhado de novas atividades."

Para um educador, nada há de novo nas agradecidas palavras da Sra. Hart. Uma vez que o impulso de aprender e de aplicar o que aprendeu seja estimulado, inicia-se uma cadeia completa de ações e interações que revigora toda a personalidade. Um ciclo de conquistas é desencadeado e, do mesmo modo que ocorreu com a Sra. Hart, a pessoa tem a sensação de realização, simplesmente por ter colocado em prática os princípios ensinados neste livro.

Embora poucos dentre nós sejam professores ou jornalistas, todos empregamos a palavra para informar outras pessoas diariamente. Como pais ensinando aos seus filhos, como vizinhos explicando uma nova técnica de podar roseiras, como turistas trocando ideias quanto à melhor excursão a fazer, frequentemente nos encontramos em situações cotidianas que exigem clareza e coerência de pensamentos, vitalidade e vigor de expressão. O que foi dito no Capítulo 8 com relação à fala para informar é também aplicável nessas situações.

2. USE EM SEU TRABALHO AS TÉCNICAS DA BOA ORATÓRIA

O processo de comunicação afeta o nosso trabalho. Como vendedores, gerentes, balconistas, chefes de departamentos, professores, sacerdotes, enfermeiros, executivos, médicos, advogados, contadores e engenheiros, temos todos nós o encargo de explanar conhecimentos específicos e dar instruções profissionais. Nossa capacidade para fazer com que essas instruções sejam claras e concisas pode, muitas vezes, ser a unidade de medida empregada pelos nossos superiores na avaliação de nossa competência. Como pensar rapidamente e verbalizar com facilidade é uma habilidade adquirida na prestação de informações, mas, de forma alguma, essa habilidade se restringe às falas formais — pode ser usada diariamente e por todos nós. A necessidade de clareza nas conversas de cunho comercial e profissional, hoje em dia, é evidenciada pelo recente fluxo de cursos de comunicação oral nas organizações profissionais, na indústria e no governo.

3. PROCURE OPORTUNIDADES PARA FALAR EM PÚBLICO

Além de empregar os princípios deste livro na conversação cotidiana, das quais, aliás, poderão ser colhidas as melhores recompensas, você deve perseguir todas as oportunidades para falar em público. Como fazê-lo? Associando-se a um clube que promova debates ou círculos de palestras. Não se limite a ser um membro inativo, um mero observador. Intrometa-se e tome parte no comitê. A maioria dessas funções é mal executada. Procure ser o mestre de cerimônias. Isso lhe dará a oportunidade de entrevistar os melhores de sua comunidade e, com certeza, você será chamado a pronunciar as palavras de abertura do evento.

Logo que possível, desenvolva discursos de vinte a trinta minutos de duração. Use as sugestões deste livro como guia. Deixe que seu clube ou sua organização saiba que você está pronto para falar em público. Ofereça os seus serviços para o escritório de um orador em sua cidade. Organizações sem fins lucrativos estão sempre procurando voluntários que possam representá-las. Elas são um excelente ponto de partida para exercitar as técnicas aprendidas neste livro, pois oferecem o material para a preparação do discurso e a ocasião para proferi-los. Muitos oradores renomados começaram assim. Alguns deles se alçaram a grande destaque. Por exemplo, Sam Levenson, artista da TV e do rádio, é um orador cujos serviços são procurados em todo o país. Ele era professor de ensino médio em Nova York. Apenas como uma atividade secundária começou a fazer palestras sobre o que ele melhor conhecia — sua família, seus parentes, seus alunos e os aspectos inusitados de sua profissão. Essas palestras fizeram enorme sucesso e não tardou que ele fosse solicitado a se dirigir a tantos grupos, o que começou a interferir com seus deveres de professor. Por essa época, no entanto, Sam Levenson já era convidado de programas de rádio e não se passou muito tempo até que tivesse transferido inteiramente seus talentos para o mundo do entretenimento.

4. PERSISTA

Quando aprendemos alguma coisa nova, como francês, jogar golfe ou falar em público, jamais avançamos regularmente. Não melhoramos gradualmente. Progredimos por ondas, através de avanços súbitos e paradas abruptas. Depois permanecemos estacionários durante algum tempo ou podemos até regredir e perder um pouco do terreno já conquistado previamente. Esses períodos de estagnação ou retrocesso são bem conhecidos por todos os psicólogos e receberam o nome de "platô na curva de aprendizagem". Estudantes da arte de falar bem por vezes se encontrarão parados, talvez durante algumas semanas, em um desses platôs. Por mais que se esforcem, parecem não conseguir escapar. Os mais fracos se desesperam. Os que têm fibra persistem e verificam que subitamente, quase do dia para a noite, sem saber como ou por que aconteceu, conseguiram fazer rápido progresso. Decolaram do platô, como um avião. Repentinamente adquiriram naturalidade, força e confiança em suas palavras.

É possível que você, como já foi dito em outras partes deste livro, experimente algum medo fugaz, algum choque, alguma ansiedade nervosa nos primeiros momentos em que se defronta com o público. Até mesmo os maiores músicos passam por tudo isso apesar de suas inúmeras performances em público. Paderewski sempre mexia e remexia nervosamente seus punhos antes de sentar-se ao piano para começar uma apresentação. No entanto, tão logo começava a tocar, todo o seu nervosismo desaparecia rapidamente, como a neblina ao sol de agosto.

O que os outros experimentam você poderá experimentar também. Se, porém, você perseverar, cedo erradicará tudo, inclusive esse medo inicial; e tudo será apenas um medo inicial e nada mais. Após as primeiras frases, você se encontrará no controle da situação e falará com evidente prazer.

Certa ocasião, um jovem que ambicionava estudar Direito escreveu a Lincoln pedindo conselhos. Lincoln respondeu: "Se você está decididamente determinado a se tornar advogado, mais da metade do necessário já está feita... Tenha sempre em mente que sua própria determinação a alcançar o sucesso é mais importante do que qualquer outra coisa."

Lincoln sabia. Ele tinha passado por isso. Em toda a sua vida, não passara mais de um ano no colégio. E livros? Lincoln declarou, uma vez, que caminhava uma distância de oitenta quilômetros de sua casa para tomar por empréstimo cada livro de que precisava. Na cabana, normalmente, era mantida acesa uma fogueira durante toda a noite. Às vezes era à luz dessa fogueira que Lincoln estudava. Havia fendas entre as toras de que era feita a cabana e, muitas vezes, Lincoln ali colocava seus livros. Tão cedo, pela manhã, houvesse luz suficiente para ler, ele se levantava de sua cama de folhas, esfregava os olhos, apanhava o livro e se punha a devorá-lo.

Lincoln caminhava cerca de cinquenta quilômetros para ouvir um orador e, ao regressar a casa, praticava o que ouvira por toda parte — nos campos, nas florestas, perante as pessoas que se reuniam no armazém de Jones, em Gentryville; Lincoln se filiou a sociedades literárias e de debates em Nova Salem e em Springfield e exercitava-se falando sobre os tópicos do dia. Ele era tímido na presença de mulheres; quando cortejou Mary Todd, costumava sentar-se na sala de visitas, acanhado e silencioso, incapaz de encontrar palavras, ouvindo, enquanto a moça se encarregava de falar. Pois foi esse homem que, pela prática constante e pelo estudo em seu lar, se transformou no orador que iria debater com o mais completo orador de seu tempo, o senador Douglas. Foi esse o homem que, em Gettysburg, e novamente em seu segundo discurso de posse, se elevou a páramos de eloquência raramente atingidos em todos os anais da humanidade.

Não admira que, em vista de suas próprias e terríveis desvantagens e sua difícil luta, Lincoln tenha escrito: "Se você está decididamente determinado a se tornar advogado, mais da metade do necessário já está feita."

Um excelente quadro de Abraham Lincoln está na parede do gabinete presidencial na Casa Branca. "Muitas vezes, quando eu tinha que decidir algo", disse Theodore Roosevelt, "algo complicado e difícil. algo em que se conflitavam direitos e interesses, erguia meus olhos para Lincoln, procurando imaginá-lo em meu lugar, procurando imaginar o que teria feito ele em circunstâncias semelhantes. Isso talvez possa parecer estranho, mas, francamente, tornava mais fácil a solução de meus problemas."

Por que não tentar o plano de Roosevelt? Por que não, se você se sente desanimado e predisposto a abandonar a luta por se tornar um orador mais eficiente, por que não indagar a si mesmo o que faria ele nas mesmas circunstâncias? Você sabe o que ele faria. Você sabe o que ele fez. Após ter sido derrotado pelo senador Douglas, na disputa para o Senado americano, conclamou seus seguidores a não "abandonarem a luta devido a uma ou a cem derrotas".

5. MANTENHA À SUA FRENTE A CERTEZA DA RECOMPENSA

Eu gostaria muito que você mantivesse este livro aberto em sua mesa, no café da manhã, todos os dias que fossem necessários para decorar estas palavras do Prof. William James:

> Não deixemos que jovem algum se preocupe com o resultado final de sua educação; qualquer que tenha sido o rumo escolhido. Se ele se conservar constantemente ocupado durante todas as horas de trabalho diário, pode, seguramente, deixar o resultado final entregue a si mesmo. Ele pode, com toda a certeza, confiar em que, numa bela manhã, verificará ser um dos indivíduos competentes de sua geração no ramo de atividade, seja lá qual for, que tenha escolhido.

E agora, com as palavras do renomado Prof. James a nos apoiar, devo ir ao ponto de dizer que, se você continuar a praticar inteligentemente, poderá, com segurança, esperar que uma bela manhã verificará ser um dos competentes oradores de sua cidade ou comunidade.

Não importa o quão fantástico isso possa lhe parecer agora, *isso é verdade como princípio geral*. É claro que há exceções. Um homem com mentalidade e personalidade pouco desenvolvidas, e sem nada sobre o que falar, não poderá vir a ser um Daniel Webster local; no entanto, *dentro da lógica,* a afirmação é correta.

Deixem-me exemplificar: o ex-governador Stokes, de Nova Jersey, compareceu ao banquete de encerramento de um dos nossos cursos em Trenton. Ele observou que os discursos que ouvira naquela noite eram tão bons quanto os pronunciamentos a que assistira na Câmara dos Representantes e no Senado, em Washington. Esses "discursos" de Trenton foram pronunciados por homens de negócios cujas línguas se mantinham presas, alguns meses antes, com medo do público. Não havia nenhum Cícero incipiente entre esses negociantes de Nova Jersey; eram eles os típicos homens de negócios que podem ser encontrados em qualquer cidade americana. Mesmo assim, certa manhã, eles acordaram e verificaram ser um dos competentes oradores de sua cidade e, provavelmente, do país.

Tenho conhecido e cuidadosamente observado literalmente milhares de pessoas procurando conquistar a autoconfiança e a capacidade de falar em público. Os que obtiveram êxito eram, apenas em pequeno número, pessoas de brilho fora do comum. Em sua maior parte, porém, eram do tipo ordinário de homens de negócios que encontramos em qualquer cidade. Mas foram homens que perseveraram. Outros, mais bem-dotados, por vezes desanimam ou se dedicam demasiadamente a fazer dinheiro e, por isso, não vão muito longe; no entanto, o indivíduo médio, com coragem e determinação, quando chega ao fim da estrada, encontra-se no topo.

Tudo isso é apenas humano e natural. Você não percebe que a mesma coisa acontece no mercado e em todas as profissões? John D. Rockfeller Sr. disse que o primeiro requisito para o sucesso nos negócios era a paciência e a certeza de que a recompensa final será certa. Semelhantemente, esses são também os primeiros requisitos para o sucesso na arte da oratória.

Há alguns anos dispus-me a escalar um pico dos Alpes Austríacos, o Wilder Kaiser. Baedaker observou que a escalada era difícil e que um guia seria essencial para os alpinistas amadores. Um amigo e eu não dispúnhamos de guia nenhum e, com toda a certeza, éramos amadores; uma terceira pessoa nos perguntou se acreditávamos que teríamos êxito.

— Claro — respondemos.

— O que os faz pensar assim? — perguntou a pessoa.

— Outros já o conseguiram sem guias — respondi —, e por isso sei que é razoável; além disso, *nunca empreendo coisa alguma pensando em derrota.*

Essa é a psicologia apropriada para qualquer coisa, desde o falar até uma escalada do Monte Everest.

O seu êxito será largamente determinado pelos seus pensamentos antes de falar. Veja a si mesmo, em sua imaginação, falando para outras pessoas com perfeito autocontrole.

Fazer isso está facilmente a seu alcance. Acredite que terá êxito. Acredite no êxito firmemente e, então, você fará o que for necessário para ser bem-sucedido.

Durante a Guerra Civil, o almirante Dupont apresentou meia dúzia de excelentes razões pelas quais não conduzira sua canhoneira para a baía de Charleston. O almirante Farragut ouviu atentamente as desculpas.

— Há uma outra razão que o senhor não citou — observou.

— Qual? — quis saber Dupont.

Veio a resposta:

— O senhor não acreditava ser capaz.

A coisa mais valiosa que os alunos aprendem por si mesmos, por meio do treinamento em nosso curso, é um aumento de autoconfiança, uma fé adicional em sua capacidade de realização. Haverá algo mais importante do que isso para o sucesso em qualquer empreendimento? Emerson escreveu: "Nada grandioso foi jamais obtido sem entusiasmo." Isso é mais do que uma bem articulada frase literária; é a estrada para o sucesso.

William Lyon Phelps foi, provavelmente, o mais querido e o mais popular dos professores que já lecionaram na Universidade de Yale. Em seu livro *The Excitement of Teaching*, ele afirma: "Para mim, ensinar é mais do que uma arte ou uma ocupação. É uma paixão. Gosto de lecionar como um pintor gosta de pintar, um cantor gosta de cantar, um poeta gosta de fazer poesia. Antes de me levantar da cama pela manhã, penso com enlevo em meus alunos."

É de admirar-se que um professor tão entusiasmado por sua profissão, tão empolgado pela tarefa que tem pela frente, tenha obtido êxito? Billy Phelps exerceu uma influência tremenda em seus alunos, em grande parte devido ao amor, à emoção e ao entusiasmo com que se dedicou às suas tarefas de professor.

Se você puser entusiasmo no domínio da arte de falar bem, verificará que serão afastados os obstáculos que se apresentam em seu caminho. Isso é um desafio para concentrar todo o seu talento e sua força no objetivo de uma comunicação efetiva com seus semelhantes. Pense na autoafirmação, na confiança, na estabilidade de que desfrutará, na sensação de poder que advirá da capacidade de atrair atenção, suscitar emoções e conduzir um grupo à ação. Você verificará que a competência em expressar-se conduzirá à competência, também, sob outras formas, pois o treinamento na arte de falar bem é a estrada principal para a autoconfiança em todas as áreas do trabalho e da vida.

No manual que serve de guia aos professores que lecionam nos cursos Dale Carnegie, encontram-se estas palavras: "Quando os membros da classe descobrem que são capazes de prender a atenção do público e recebem o elogio de um professor e o aplauso da classe, desenvolvem uma sensação de força interior, coragem e calma de que nunca gozaram. O resultado? Eles empreendem e realizam coisas com que nunca haviam sonhado. Anseiam por falar em público. Tomam parte saliente nas atividades profissionais, comerciais e comunitárias e se tornam líderes."

A palavra "liderança" foi empregada com frequência nos capítulos precedentes. Uma expressividade clara, vigorosa e enfática é um dos marcos da liderança em nossa sociedade. Essa expressividade deve governar todos os pronunciamentos do líder, desde as entrevistas particulares às manifestações em público. Adequadamente aplicado, o material deste livro ajudará a desenvolver a liderança — na família, na religião, nas organizações sociais, nos negócios, na política.

RECAPITULAÇÃO DA QUINTA PARTE

O desafio da boa oratória

Capítulo 12. Apresentando oradores, entregando e recebendo prêmios

1. Prepare cuidadosamente aquilo que vai dizer
2. Siga a fórmula T-I-O
3. Seja entusiástico
4. Seja cordialmente sincero
5. Prepare com cuidado sua fala de apresentação
6. Expresse seus sentimentos sinceros na fala de agradecimento

Capítulo 13. Preparando um discurso mais longo

1. Atraia a atenção imediatamente

   — Comece sua fala com um exemplo baseado em experiência própria
   — Faça suspense
   — Cite um fato que prenda a atenção
   — Peça que levantem as mãos
   — Prometa dizer aos ouvintes como podem obter algo que desejam
   — Exponha algo

2. Evite atrair atenção desfavorável
   - Não comece com desculpas
   - Evite iniciar sua fala com uma história engraçada
3. Apoie suas principais ideias
   - Use estatísticas
   - Use o testemunho de peritos
   - Use analogias
   - Faça uma demonstração
4. Apele para a ação
   - Sintetize
   - Peça ação

Capítulo 14. Aplicando o que você aprendeu
1. Use detalhes específicos na conversação cotidiana
2. Use em seu trabalho as técnicas da boa oratória
3. Procure oportunidades para falar em público
4. Persista
5. Mantenha à sua frente a certeza da recompensa

Dale Carnegie:

Nós fazemos a mudança acontecer

Dale Carnegie é o processo de treinamento do lado humano do sucesso. Adaptamos o treinamento em etapas suaves para obter qualidade e habilitações pessoais para formar empreendedores. Indivíduos transformam-se em líderes. Grupos tornam-se equipes produtivas. Boas empresas passam a ser grandes empresas.

Para informações adicionais sobre o treinamento Dale Carnegie, entre em contato com:

Dale Carnegie & Associates, Inc.
290 Motor Parkway
Hauppauge, NY 11788-5102
United States

Representantes Dale Carnegie no Brasil

Minas Gerais
Rua Alvarenga Peixoto, 1408, sala 901
Santo Agostinho
Belo Horizonte — MG — 30180-121
Tel.: (31) 2510-9099
E-mail: guilherme.amaral@dalecarnegie.com

Paraná
Rua Domingos Nascimento, 773
Bom Retiro
Curitiba — PR — 80520-200
Tel.: (41) 3338-8191
E-mail: curitiba@carnegiecwb.com.br

Rio Grande do Sul
Rua Carlos Silveira Martins Pacheco, 10, sala 806
Cristo Redentor
Porto Alegre — RS — 90550-000
Tel.: (51) 3013-4414
E-mail: comercial@carnegie.com.br

Rio de Janeiro
Rua Sete de Setembro, 55, 1304
Centro
Rio de Janeiro — RJ — 20050-004
Tel.: (21) 2531-9383
E-mail: atendimento@dalecarnegierj.com.br

São Paulo
Rua Capitão Cavalcanti, 259
Vila Mariana
São Paulo — SP — 04017-000
Tel.: (11) 5084-5353
E-mail: atendimento@dalecarnegiesp.com.br

Distrito Federal
SIG, quadra 01, lote 385, sala 405
Taguatinga
Brasília — DF — 70610-410
Tel.: (61) 3328-0380
E-mail: comercial@dalecarnegiedf.com.br

Goiás
Avenida T-63, quadra 145, lote 89, 1296, sala 1510
Setor Bueno
Goiânia — GO — 74230-100
Tel.: (62) 3093-1221
E-mail: mirtha.zucco@carnegie.com.br

Ceará
Avenida Santos Dumont, 1687-8, sala 801/803
Aldeota
Fortaleza — CE — 88015-710
Tel.: (48) 3028-6008
E-mail: sc@treinamentocarnegie.com.br

Este livro foi composto na tipografia Minion
Pro, em corpo 12/16, e impresso em
papel off-white no Sistema Cameron da
Divisão Gráfica da Distribuidora Record.